人际交往心理学

黄青翔 著

中国华侨出版社
·北京·

前言

人际交往是人与人之间、人与群体之间思想与感情的传递和反馈的过程，以求思想达成一致和感情的畅通。任何人都无法孤立地活在世上，在信息如潮奔涌，人际关系越来越重要的现代社会更是如此。每一个人生活的幸福、工作的成功都离不开与他人的交往。但在生活中，强势蛮横、自私自利、难以共处之人无处不在。他们或许就在你的办公室里，在紧张而庄重的谈判桌上，在觥筹交错的饭局中，甚至可能在你的家里。他们或是思想保守的老人，或是血气方刚的年轻人；或是陌生人，也可能是你亲密的朋友或家人；他们或者位高权重，或者看似柔弱，但都给你的生活造成了一定程度的困扰。

有些人在社交方面如鱼得水，而有些人却产生了社交焦虑症。如何在人际交往中摆脱身不由己，取得主导权呢？答案是：培养强大的心理、行为和沟通模式，有意识、有目的地寻找和采用必要的手段和途径，协调好各方人际关系，进而在良好的人际交往基础上获得生活、学习和工作等方面的成功。

　　无论是在工作中面对领导、同事、客户，还是在家庭中面对父母、伴侣、亲戚，又或者是与交际圈中的朋友、对手和陌生人相处，只要你能够掌握并运用人际交往心理学中提到的思维方式和诸多应对策略，你就不需要让自己花费过多的精力，就能巧妙地扭转局面，化被动为主动，摆脱人际压力和负面情绪，从容不迫地获得主导权。即使你的对手比你强势得多，你也能在交锋中处于不败的境地，以四两拨千斤之力化解困境。

　　良好的人际关系是一个人通往成功之路的门票。只有采取恰当的人际交往心理策略，走入他人的内心深处，把握心理脉搏，洞悉人心的奥妙变化，才能赢得人心！本书从心理学的角度对人际交往进行全新梳理，别具匠心。它结合日常生活中的实际案例和经典故事，对人际交往中的各种心理现象进行了较为详尽的分析，如了解他人的基本方法、性别差异在人际交往中的体现、偏见影响人际交往、与人成功交往的八大心理学定律等，有效帮助读者构建和谐的人际关系。

　　一本书教你读懂人心，逆转人际交往中的被动局面，告别人际交往中的无力感和焦虑感，彻底掌控自己的社交和生活！

目录

第一章

如何认知他人
并与他人相互作用

测试：社交心理成熟度

1. 当老板让你去做你觉得很难做到的事情时，你会怎么办？

A. 你会咬紧牙关，花费几小时拼命为他工作

B. 做到某种程度而发觉不行时，即将情况向老板汇报

C. 即使求助于他人也要把工作做好

D. 是自己无法做的事，会放弃不做

2. 如果有两位相熟的异性同时向你示爱，你会怎么处理？

A. 把两人叫过来加以详谈后分开

B. 在两人中只与一位适合自己的人交往

C. 在两人之间周旋

D. 将两人视为普通朋友，同时交往

3. 当在工作上感到不顺心、不如意时，用哪种方式来发泄呢？

A. 到常去的酒吧喝酒

B. 出去散步使心情平静

C. 到一些娱乐场所消遣

D. 到朋友家向他诉苦

4. 如果你由朋友口中得知另一个朋友在背后说你坏话，你会怎样？

A. 默默地承受而不加理会

B. 与忠告者一起出游，将误解澄清

C. 直接去找说坏话的人算账

D. 找说坏话的人问清情况

计分方法

选 A 得 5 分，选 B 得 3 分，选 C 得 1 分，选 D 得 0 分。

完全解析

20～18 分：如果你可以再成熟一些，就能体会爱的真义。在社交方面，你的心理相当成熟，但是在个人生活方面就不太成熟了；而这种不平衡也是你性格上的魅力，因为它令人有新鲜感，会让人产生想要探知的欲望。

17～14 分：你的心理还不够成熟，正在成长中。你的兴趣广泛，无法局限在一件事上，所以应该先做要紧的事；如能有所取舍，你将成熟得更快。你是个有前途的人，会很快地掌握社交技巧，但在这个过程中需要承受一些心理上的考验。

13～8 分：你的社交技巧可以说是相当贫乏的，你的心理还很幼稚，甚至未考虑成熟问题。对你而言，实践比学习更重要，但学习也不能忽略。

7～0 分：你对爱的看法相当成熟；但心理成熟是没有界限的，所以应该想办法使自己能与人相处得更好。你现在需要努力的是，注意与周围人处好关系，千万别脱离集体，要合群。

在我们与他人所进行的人际交往中，只有深入地思考并了解他人，才能够保证与他人的相处融洽，也才能够建立良好的人际关系。对他人的思考与了解需要借助一定的知识，即心理学知识，只有运用好人际交往中的心理学知识，才能使我们的人际交往顺利进行。

认知他人的过程

认识他人的复杂性

生活在现实社会中的每一个个体都不可避免地要与他人进行交往，这就是我们通常所说的人际交往。每天人们在这种交往活动中接收各种信息，并通过与陌生人、熟人的接触和交流，获得对他人的认识，然后以此为基础做出各种社会行为。可见，我们的各种社会行为是建立在对他人认识的基础上的，因此认识他人就显得十分重要了。

在社会心理学上将认识他人的过程称为"社会认知"，即指个体在与他人交往的过程中，根据外部特征，对其心理状态、行为动机和意向等内在属性做出推测和判断的过程。社会认知包含知觉、判断和评价等一系列社会心理活动，是依据认知者过去的经验及对有关线索的分析而进行的，是认知者、认知对象和认知情境之间各因素交互作用的复杂过程。

小琳大学毕业后最重要的事就是找一份满意的工作。她听人说过某公司，对它印象还不错，考虑到自己所学的专业和个人素质，小琳觉得比较适合自己，成功的机会很大，于是发出了求职信。过了几天，公司通知她去面试，小琳精心打扮了一番，然后信心十足地来到公司。可是，面试的情况很糟，经理问了很多刁钻古怪的问题，让小琳觉得很难堪，甚至，经理竟然公开表示了对女性的歧视，还对她说，公司一般不招女员工。面试后，小琳感到被聘用的希望不大，同时也对经理和公司产生了看法，认为经理是个很尖刻的人。然而过了一段时间，公司居然通知她去上班了，而且安排了一个不错的职位给她。在工作中，她又发现，原来经理是个很和蔼的人，对她也很尊重。

在这个案例里，为什么小琳对经理的印象会前后判若两人？其实，这就是由于认知过程的复杂性造成的。在生活中，我们必须对他人（至少是我们认为对我们有重要意义的他人）进行观察、了解、判断和评价，形成对他人的看法，以决定我们在与其交往时进一步应采取的行动。此外，我们都希望自己在他人的眼中具有积极的、正面的形象。因此，考察和研究认识他人的规律和特点，不仅有助于我们更准确地认识他人和采取正确的行动，也能帮助我们树立更佳的形象，在人际交往中取得满意的效果。

认知他人的步骤

人们对现实世界中客观存在的认识是一个完整的过程，对人的认知和了解也同样如此。认知他人的过程需要由表及里，通过一个人的外在特征来推测和判断他的内在属性，而其本质属性和特征往往容易为表象所掩盖，这就使这个过程具有复杂性和持久性。另外，人们的认知活动客观上也要经历一个过程，从感官的认知开始逐步深化到大脑的思维分析和判断，是一种从简单到复杂、从对表象的认知到对本质的分析和判断的过程。我们一般可以把认知他人的过程分为 3 个步骤：知觉、判断和评价、归因。

1. 知觉：得到最基本的信息资料

他人一般都以某种穿着、容貌和某种行为展示给我们，我们也总是首先运用感觉器官接收他人的外貌、形态、动作、声音等感性特征。因此，对他人的认知总是先从知觉开始的，这是认知他人的第一步。

2. 判断和评价：形成印象并做出评价

通过知觉过程，我们可以搜集到有关他人的基本资料，并根据这些资料依照以往经验（你头脑中内在的价值标准）对他人做出判断和评价。这种关于他人的社会判断和社会评价是认知他人的第二步。

3. 归因：对他人行为的解释

人们在认知他人的过程中，除了会对他人进行判断和评价外，还会对他人的行为表现及存在状态做出推论和解释，即对他人的行为进行归因。行为的归因在认知他人的过程中占有重要的地位，个体对他人及事件的理解和解释将影响其进一步的行为，对同样事件和行为的不同解释将产生完全不同的后继行为。另外，行为的归因也往往意味着认知他人过程的完成，标志着人们对某人的某种行为有了一个基本和完整的认知。

认知他人过程的这 3 个步骤是相互联系的，也是首尾相接的。

概括起来我们可以把认知他人的过程简单地理解为：首先，我们的认知活动是从对人的观察开始的；其次，我们在对别人有了一个初步的或者说是感性的认知之后，我们就会根据这些认知来对他人做出判断和评价；最后，我们在认知他人时，除了会对他人做出判断和评价外，还会对他人的行为做出推论和解释，也就是对他人的社会表现进行归因。认知他人的这 3 个步骤只有有机结合起来，才能构成我们认知他人的完整过程。联系我们的生活实际，我们可以感觉到，认知他人的活动是要通过对别人的言谈举止、仪态神情、行为习惯等的观察，形成关于他人的印象，从而做出判断评价，并进一步推论和解释他人的行为。比如说，我们连续多次看到一个女孩儿穿着红色的衣服，我们可能就会想到，这个女孩儿一定非常喜欢红色，而红色给人明艳、奔放、热烈的感觉，那么这个女孩儿也应该具有热情、活泼、开朗的个性。这样的一个过程，实际上就是从我们对颜色的视觉感知开始，进而运用逻辑思维进行推理判断，从而对他人形成完整认知的过程。

认知他人的途径

有的社会心理学家将认知他人的途径总结为以下 4 个：

1. 外表

人的五官都在接收信息，但 80％是通过视觉接收到的。在社会认知过程中，我们首先就会注意到认知对象的外表，包括外貌和仪表。外貌主要侧重于长相、身材等生理特征，仪表则主要指服饰、发型等后天修饰成分。我们每个人的外表都是生理特征与后天修饰有机结合的结果。外貌长相是天生的，而服饰、发型等修饰因素则是出于个人的选择，因此能在某种程度上反映出个人的喜好、性情、审美与素养。服饰以色彩、款式和质地构成了一种造型语言和表达某种文化意义的符号，人们也往往以不同服饰表达自己在特定环境中的特定身份和特殊感情。

社会心理学家阿盖尔曾做过这个方面的实验，他以不同打扮先后在同一地点出现，当他身穿西服，以绅士模样出现时，无论是向他问路或问时间的人大多彬彬有礼，而且他们看起来基本上是绅士阶层的人；当他打扮成无业游民时，接近他的多半是流浪汉，或是来对火抽烟的，或是来借钱、借烟的。可见，人们往往是根据一个人的衣着推测其职业、社会地位、性格等。

2. 言语

言语作为自我表达和交流的工具，在社会生活中发挥着重要的作用，同时也给人们提供了认知他人的依据。《红楼梦》中，王熙凤"未见其人，先闻其声"，顿时就给人留下了泼辣豪爽的印象。

言语的内容有时可以表现一个人的内心想法，"要知心腹事，但听口中言"，所以有时我们会根据一个人的说话内容来认识他的内在品质。但是，我们也会遇到口是心非的情况，因此，人们应该谨慎地对待这种线索。

除了内容外，人们说话时的语音、语调、语速也能充分表现一个人的性格和其他心理特征。例如，一个人说话速度很快时，我们常推断这是个心直口快的人；一个说话慢声细语的人常给人留下温柔、恬静、有涵养的印象。

3. 面部表情

面部表情是反映一个人内心的态度、情绪和动机等心理因素的基本线索和外在表现形式，通过对人面部表情的观察和分析，可以了解其内心的活动、欲望、意图和状态，借此即可形成对他人的认知。

人类具有丰富的面部表情，它是反映人们身心状态的一种客观指标，例如"喜气洋洋""气势汹汹""愁眉苦脸""眉开眼笑"等都是表示人们喜怒哀乐的心理状态。可以说，人的面部是人体语言的"稠密区"。曾有学者估计，人脸可以做出 25 万种不同的表情，这一估计似乎太过惊人，但一般心理学家都认为，人的面部表情变化会在 2 万种以上。

美国心理学家艾克曼研究了不同民族、不同文化下，人们对不同的面部表情的辨认，发现人们的判断具有相当的一致性。有人说，面部表情是一种"世界语"，确实有一定的道理。艾克曼发现，不同部位肌肉在表达不同情绪时各有千秋，例如眼睛对表示哀伤最重要、口部对表达快乐与厌恶最重要、前额提供惊奇的信号。当然，要表达比较强烈的情绪往往需要这些部位的协调作用。

在面部表情中眼睛是重要的认知线索，人的各种感情都会从眼睛的微妙变化中反映出来。眼睛之所以成为传递心灵信息的窗户，其奥妙到底何在呢？

首先，我们所说的眼睛实际上是指瞳孔的变化，即瞳孔的扩大和缩小。研究表明，人的瞳孔是根据他的感情、态度和情绪变化而自动发生变化的。达尔文、赫斯等人曾做过专门研究，其结果表明，人的瞳孔变化是中枢神经系统活动的标志，即瞳孔变化如实地显示出大脑中正在进行的思维活动。有人甚至认为，人的瞳孔可以不受身体其他部位的制约而独自活动。另外，扩大的瞳孔意味着兴趣和愉悦情感的存在。因此，男女间约会通常安排在弱一些的光线之下，因为微弱的光线促使瞳孔扩大。心理学家认为，男女间在弱一些的光线下，往往容易获得爱情的成功，这主要是因为在弱光下交往比强光下更加甜蜜、亲切。

其次，目光在日常生活中的作用是巨大的。言语有时不一定代表一个人真正的内心想法，即所谓的口是心非，但眼睛的奥妙在于它的"真实性"，它不会说谎，它能显示出大脑的真实思维活动。心理学家经研究发现，做了亏心事，或心虚时，在他人的目光注视下会自动地回避；而在求爱时，人们往往用目光来传递爱慕之情，特别是初恋的男女青年，对于目光的使用频率一般超过有声语言。

4. 姿态与动作

姿态与动作也叫身体语言，指人体各部位动作和所保持的姿势。动作是动态的身势，姿态则指静态的身势，它是一种非语言线索。特定的姿态动作往往传递了一定的信息，表示了一定的态度，能反映一个人内在的心理活动。可以说，姿态动作是一种无声语言，而人类的无声语言要比有声语言更富有表现力和感染力。艾伯特·梅瑞宾发现，在一条信息的全部效果中，只有38%是有声的（包括声调、变音和其他声响），有 7% 是语言（只是词），而 55% 的信号是无声的；人们在面对面交谈时有声部分低于 35%，而 65% 的交流信号是无声的。著名人类学家霍尔教授告诫人们，一个成功的交际者不但需要理解他人的有声声音，更重要的是能够观察出他人的无声信号，并且能够在不同场合中正确使用这些信号。

认知他人的需要

要想认知他人，除了从一些表面现象入手外，还应当了解他人的动机指向、思维形态、行为方式、情感、状态及其变异，而了解这一切的入口就是认知他人的需要。人的需要就是人的本性，你有自己的需要，同时与你交往的对方也有他自己的需要。既然人不能"独生"，交往是双方共同的事情，那交往的成功与否也就取决于双方的需要是否协调。

那么，人到底有些什么需要呢？美国心理学家马斯洛把人的需要分为：生理需要、安全需要、社交需要、尊重需要、自我实现需要、认识和理解需要、美学需要等 7 个层次。

1. 生理需要

这是与我们生活息息相关的最基本、最原始的需要，包括饥渴、性、睡眠、温暖、蔽身之所等。这些需要是最强烈的，没有它们，我们就不可能关心其他的事。

2. 安全需要

一旦我们的生理需要被满足了，我们紧接着关心的就是安全，包括心理上的安全期望和生理上的安全感。诸如安全、稳定、依靠、保护、避免惊吓和焦虑及烦忧之苦，对建设、秩序、法律、限制等的需要。我们对安全的关心可以从需要住所、服装，以及防寒和避暑中反映出来。

3. 社交需要

我们在群体中的身份满足了一种归属、被接纳和结交朋友的需要，包括拥有朋友、爱人、妻子、丈夫、父母、子女，等等。社会需要是指对感情和归属两方面的需要。

4. 尊重需要

即人们希望得到牢固确立的高评价，包括力量、成就、分寸感、待人处世的能力与信心；包括获取名声、威望、地位、荣誉、权力、认可、注意、重视、尊重及被他人欣赏的愿望。

5. 自我实现需要

即发展自我，发挥个人最高才能，做一切力所能及之事的需要。比如，母亲通过教育子女来当个好妈妈、运动员通过比赛获得好名次，等等。

6. 认识和理解需要

认识和理解是自我实现的一个重要表现，要求系统化地认知世间万事万物，包括求知欲、了解、解释和理解等。

7. 美学需要

是人对美的深层需要，是人最高级的需要。所有的人都需要使自己周围的事物符合自己的审美情趣。

在这个世界上，到处是陌生的人、陌生的面孔，只有充分了解人的这些需要，并努力加以满足，才可以缩短自己与他人之间的距离，明白与人交往时从何处着手，明白可以在哪些方面建立彼此之间的相互关系；并使自己在交往的用词、姿态和投入程度上，享有更多的弹性，从而建立良好的人际关系。

人际交往中的心理活动

人际交往中人的一般心理规律

在人际交往中，人的心理活动是复杂多样的，但它也有一般的规律可遵循。

首先，人们会考虑自己的实际需要，同时寻求更好或者更符合自己的需要。

其次，人们希望自己受到尊重。每个人都会有很强的自尊心，都会对别人伤害性的言语非常敏感。

最后，人们希望自己得到很好的表现机会，希望别人能更多地关心和注意自己。

有这样一个案例：

某天，小梅把一头蓄了几年的披肩长发剪成了齐耳短发，一位老客户来拜访她时，称赞她的短发清爽、简洁。小梅在这赞扬声中，对理发师的怨气一股脑儿全消了。

她说："我刚剪完头发时，觉得一点儿都不像我理想中的模样，气得我当时就跟理发师吵了一场，怎么给我剪成了这样的发型？这不愉快的心情一直持续到今天上班。上午还差点儿和同事吵起来。可是，刚才听了这些赞扬，怒气不知不觉就消了，心里也觉得顺畅了！"

在这个案例中，小梅本来是抱着把长头发剪掉之后能够有一头清爽的短发的心理的，但是在剪发之后，却发现并不是自己原来想象中的那个样子，就非常失望。这就是第一种心理过程。当她的客户夸奖她的短发时，她才感觉自己的心理平衡了。这个变化，就是因为自己的心理得到了一定的满足，而小梅的客户正好是利用了小梅的这种心理规律获得了她的好感。

人际交往中人们共同的心理原则

在人际交往中，尽管每个人的交往动机、要求和期望差别巨大，但仍然有共同的心理原则可循。心理学家总结出了以下 4 条人际交往的心理原则：

1. 交互原则

大量研究发现，人际交往的基础是人与人之间的相互重视与相互支持。因此，社会心理学家指出：人们在交往过程中，必须首先遵循交互原则。

人际交往中，喜欢与厌恶、接近与疏远是相互的。几乎没有人会无缘无故地接纳和喜欢另外一个人；被别人接纳和喜欢必须有一个前提，那就是我们也要喜欢、承认和支持别人。一般的，喜欢我们的人，我们才会喜欢他们；愿意接近我们的人，我们才愿意接近他们；疏远、厌恶我们的人，我们也会疏远、厌恶他们。

为什么会存在这种交互原则呢？心理学家研究发现，每个人都有维护自身心理平衡的本能倾向，都要求人际交往关系保持一定程度的合理性和适当性，并力图根据这种适当性、合理性解释自己与他人的关系。在这种本能倾向的作用下，当他人做出友好姿态以示接纳和支持我们时，我们会觉得"应该"对别人报以相应的回应，进而产生一种心理压力，迫使我们对他人也做出相应的友好姿态；否则，自己以某种观念为基础的心理平衡被破坏，我们就会感到不安。

2. 价值原则

日常生活中的人际交往，除了交互原则，更多的时候我们需要保持交往的平等性，即把握价值原则。此处的价值包括金钱、财物、服务，更包含着情感、尊重等。换句话说，人们都希望交往有所值，例如希望在交往中获得支持、关心、帮助、感情依托，等等。那些对自己来说是值得的，或是得大于失的交往关系，我们就倾向于建立和维持；无所得的人际交往、不值得的交往关系，我们就倾向于逃避、疏远或终止，否则我们无法保持心理平衡。

3. 自我价值保护原则

大量的社会心理学研究证明，每个人心理活动的各个方面都存在一种防止自我价值遭到否定的自我支持倾向。这种倾向反映在人际交往中，就形成了自我价值保护的原则。我们在人际交往中应该充分注意这一点，正确理解他人。

4. 同步变化原则

越来越喜欢我们的人，我们也会越来越喜欢他们；越来越不喜欢我们的人，我们也会越来越讨厌他们。我们对别人的喜欢不仅决定于别人喜欢我们的量，而且决定于别人喜欢我们的水平的变化与性质。这就是人际交往同步变化原则，也被称为人际吸引水平增减原则。

人际交往中心理活动的具体形式

人际交往中，人的心理活动的过程其实就是思维的过程，主要包括分析、综合、比较、分类等形式。

1. 分析

通过分析，人可以进一步认识交往对象的基本性格、心理及其爱好；可以分出交往对象的表面特性和本质特性，使认识深化；可以分出交往对象的行为特征，便于交往活动的进一步开展。

2. 综合

通过综合，可以把交往对象的各个方面、各种特征结合起来进行考虑。例如，把一个人的思想品德、智力水平、健康状况等方面联系起来，加以评价，得出结论，有利于人们全面、完整地认识交往对象，从而选择适当的交往方式。

3. 比较

比较是在头脑中把各种现象加以对比，确定它们之间的异同点的思维过程。人们在人际交往过程中，看清交往对象的特征和相互关系，都是通过比较来进行的。只有经过比较，区分交往对象的异同点，才能更好地识别交往对象。

4. 分类

分类是在头脑中根据交往对象的共同点和差异点，把他们区分为不同类型的思维过程。分类是在比较的基础上，将有共同点的对象划为一类的过程。例如，我们在同别人交往时，会区分哪些人可以成为我们的朋友、哪些人不适合做我们的朋友。

人际交往中普遍存在的心理效应

经心理学家研究表明，人们在人际交往中普遍存在着以下 6 种心理效应。了解这些心理效应能够有利于我们同他人进行人际交往。我们可以利用这些效应的积极作用，克服这些效应的消极作用，这样便可以使我们给他人留下好印象，从而建立良好的人际关系。

1. 首因效应

首因也可以说是第一印象，一般指人们初次接触时各自对交往对象的直觉观察和归因判断。在交往中，首因效应对人们交往印象的形成起着决定作用。

初次见面时，对方的表情、体态、仪表、服装、谈吐、礼节等形成了我们对对方的第一印象。现实生活中，首因效应作用下形成的第一印象常常左右着我们对他人的日后看法。因为第一印象一旦形成，就不容易改变。初次印象是长期交往的基础，是取信于人的出发点。

因此，我们在人际交往中应该注意留给他人好的第一印象。那么，我们应该如何做呢？首先，我们应该注意仪表，比如衣着要整洁、服饰搭配要和谐得体等；其次，我们要注意自己的言谈举止，为此必须锻炼和提高言谈技能、掌握适当的社交礼仪。

2. 近因效应

近因效应是相对于首因效应而言的，是指交往过程中，我们对他人最近、最新的认识占了主体地位，掩盖了以往的评价，也称为"新颖效应"。首因效应一般在交往双方还彼此生疏的阶段特别重要，而随着双方了解的加深，近因效应就开始发挥它的作用了。比如，你的一个很平凡的老邻居突然做了官，你就会对其刮目相看。再如，多年不见的朋友，在自己脑海中印象最深的，其实就是临别时的情景；一个朋友总是让你生气，可是谈起生气的原因，大概只能说上两三条；你的一个好朋友最近做了一件对不起你的事情，你提起他来就只记得他的坏处，完全忘了当初的好处……这一切都是近因效应的影响。

近因效应给了我们改变形象、弥补过错、重新来过的机会。例如，两个朋友因故"冷战"一段时间后，一方主动向对方表示好感或歉意，往往会出乎意料地博得对方的好感，化解恩怨。

3. 晕轮效应

所谓晕轮效应，是指我们在评价他人的时候，常喜欢从其某一点特征出发来得出或好或坏的全部印象，就像光环一样，从一个中心点逐渐向外扩散成为一个越来越大的圆圈，因此有时也称光环效应。晕轮效应对人际交往有很大的影响。多数情况下，晕轮效应常使人出现"以偏概全""爱屋及乌"的错误，影响理性人际关系的确立。话说回来，晕轮效应可以增加个体的吸引力而助其获得某种成功，这是其有利的一面。

为了预防晕轮效应的不利影响，我们要善于倾听和接受他人的意见，尽量避免感情用事，全面评价他人，理性和人交往。如果想利用晕轮效应的有利面，我们在与人交往时应采取先入为主的策略，全面展示自己的优点，掩饰缺点，以留给他人尽量完美的印象。

4. 刻板效应

我们在评判他人时，往往喜欢把他看成某一类人中的一员，而很容易认为他具有这一类人所具有的共同特征，这就是刻板效应。比如，北方人常被认为性情豪爽、胆大正直；南方人常被认为聪明伶俐、随机应变；教授常被认为是白发苍苍、文质彬彬的老人……

刻板效应在人际交往中既有积极作用，又有消极作用：积极作用在于它简化了我们的认知过程，因为当我们知道某类人的特征时，就比较容易推断这类人中的个体的特征，尽管有时候有所偏颇；消极作用在于常使人以点带面、固执待人，使人产生认识上的错觉，比如种族偏见、民族偏见、性别偏见等就是刻板效应下的产物。

5. 定式效应

定式效应也称心理定式效应，是指人们在认知活动中用"老眼光"——已有的知识经验来看待当前事物的一种心理倾向。

在人际交往中，定式效应常使人们对他人的认知固定化。比如，与老年人交往，我们往往会认为他们思想僵化、墨守成规、过时落伍；与年轻人交往，又会认为他们"嘴上无毛，办事不牢"；与男性交往，往往会觉得他们粗手粗脚、大大咧咧；与女性交往，则会觉得她们柔柔弱弱、心细如针；与一向诚实的人交往，我们会觉得他始终不会说谎；碰到了曾经圆滑过的人，我们定会倍加小心。知道了定式效应的负面影响，我们就应该注意克服，看待别人要"与时俱进"，用发展的眼光去看。

6. 投射效应

投射效应就是"以己论人"，常常以为别人与自己具有同样的爱好、个性等，常常以为别人应该知道自己的所思所想。投射效应是一种严重的认知心理偏差，它是由怀疑引起的对别人人格的歪曲。"以小人之心度君子之腹"就是投射效应的典型写照。当别人的想法或行为与我们不同时，我们习惯用自己的标准去衡量别人，从而认为别人是错的。喜欢嫉妒的人常常认为每个人每天都在嫉妒。

克服投射效应的消极作用，我们应该辩证地、一分为二地看待自己和他人，严于律己、客观待人，尽量避免以自己的标准去判断他人。

个性心理与自我意识

个性心理影响人际交往

小峰正在读高二，他性格开朗、乐于助人，朋友很多。虽然高中学习紧张，小峰却应付得轻松自如，而且学习成绩也不错。

在人际交往过程中，我们都愿意与性格开朗、积极乐观的人进行交往。显然，上述案例中所说的小峰就是这样的人。这里所说的性格开朗、积极乐观就属于心理学范畴的个性心理。心理学家认为，个性是一个人独特的、稳定的心理特征的总和，是对个体精神面貌的总的描述。对于这一概念的理解应当从人性谈起。人性是人的本质属性或人的共性，它包含人所具有的生物属性、精神属性和社会属性3个方面。对于不同的个体来说，他们之间在这3个方面都或多或少地存在一定的差异。这种个体间的差异就构成了每个人的独特性，即个性。因此可以说，个性是人性的个体差异，或者说是具体表现在每个人身上的人性，其构成仍然包含人所具有的生物属性、精神属性和社会属性3个方面。心理学家对个性问题的兴趣集中在个性的精神属性方面，研究的是人性中的精神属性在具体人身上的体现。因此严格地说，上述个性的概念实际上指的是个性心理。

个性心理是在个体社会化的过程中逐渐形成的，先天的遗传素质、后天的社会影响，以及更深层次的文化因素对个性心理的形成具有决定作用。

个性心理的构成包括个性心理倾向、个性心理特征和自我意识3部分内容：个性心理倾向由一组在个性结构中较活跃的成分组成，个性心理特征由一组在个性结构中较稳定的成分组成，自我意识则是个性结构中起协调、控制作用的成分。各部分间相互协调，共同构成一个有机联系的整体。由于自我意识对人际交往的影响作用较大，所以，我们将在下一个问题中详细分析。在这里我们先来分析一下个性心理倾向与个性心理特征对人际交往的影响。

1. 个性心理倾向

个性心理倾向是个性结构中较活跃的一组心理成分，它决定着人对客观现实的态度和行为的积极性，表现出个性的能动性。其基本成分包括需要与动机、兴趣与爱好、理想与信念等。

（1）需要与动机。需要与动机是个性心理倾向中最基本的成分。需要是个体和社会的客观需求在人脑中的反映。人具有生物属性和社会属性。作为生物的人，必须维持个体的生命和延续种系，因此需求衣物以蔽寒、需求食物以充饥、需求婚配以繁衍后代，这些需求反映到人脑中就形成了生理需要；作为社会的人，必须延续和发展个体所属的社会，因此需求人际交往、生产劳动、科学文化，这些需求反映到人脑中就形成了社会需要。而人的生理需要与社会需要都必须通过人际交往来实现，也就是说，人的需要促使了人与人之间的相互交往。

动机是引发并维持人的行为指向一定目标的内在动力。作为行为的直接原因，动机具有激发行为产生、维持行为活动和引导活动指向既定目标的3种功能。人际交往作为一种社会行为也是由动机激发、维持和引导的。

（2）兴趣与爱好。兴趣与爱好是人们积极认识、关心某种事物或积极参与某种活动的心理倾向。它是需要的一种带有情感色彩的表现，具有选择性、从众性、情感性和相对稳定性等特征。个体之间在兴趣与爱好的指向性、广博性、集中性和持久性等方面存在一定差异。

兴趣与爱好是一种心理现象的两个层次，兴趣是爱好的基础，指对某种事物或某项活动仅限于在认知层次上具有关注的倾向。如球迷对球赛的狂热、戏迷对名角的痴迷都是仅限于观看和欣赏，属于兴趣的范畴。爱好则是在兴趣基础上的深化，指不仅在认识层次上对某种事物或某项活动感兴趣，而且在行动上积极参加与此相关的活动。如棋迷不仅喜欢观棋，而且积极参加角逐；票友不仅喜欢听戏，而且积极参与演出，这都属于爱好的范畴。

兴趣与爱好也是促使人们进行人际交往的动力，如现在社会上比较流行的以兴趣点为主要内容的主题俱乐部；而兴趣爱好相同也是许多人选择朋友的重要标准。

（3）理想与信念。理想与信念是个性心理倾向中的高级表现形式，对需要与动机、兴趣与爱好有一定的制约作用。

理想是指符合现实生活发展规律、指向未来，并有可能实现的一种积极的想象。理想是一种有根据的、合理的想象，是人们对未来的向往和追求。

理想的实现需要借助人际交往，离开人际交往活动，理想就会变成一棵没有根的大树，很快就会枯萎。而共同的理想也会促使人们团结在一起，共同奋斗。

信念是人们对一种思想、观念确信无疑的看法，是人们意识的核心部分。信念是人认识事物的出发点、是判断是非的标准、是激励人们活动的精神支柱。它的形成包含着个体对一种思想、观念或理论的深刻认知，包含着对其描绘的前景充满深切的情感共鸣，还包含着为实践这一理论自觉自愿的意志行动。因此可以说，信念是认知、情感和意志的合金。

信念还是群体活动的心理前提，是激励人们结合在一起共同活动的精神支柱。共同的信念是把群体成员凝聚在一起的黏合剂，是整个社会进步和发展的动力。只有共同的信念才能统一人们的意志、统一人们的行动，激励人们为实现共同的理想而努力工作、为捍卫共同的信念而牺牲个人的利益。

2. 个性心理特征

个性心理特征是个性结构中较稳定的成分，它表明个体的典型心理活动和行为特征，是个性差异的重要标志。其基本成分包括能力、气质和性格。

（1）能力。能力指人们顺利完成某种活动的心理特征，它包括智力、一般能力和特殊能力。智力指从事认知活动所必须具备的心理条件，包括观察力、注意力、想象力、思维力和记忆力等。一般能力指从事任何活动都必须具备的基本能力，包括组织能力、定向能力、适应能力、操作能力和创造能力等。特殊能力指完成某种特殊活动所需要的能力，如从事绘画工作所需的色彩鉴别能力，从事音乐工作所需要的音乐节奏感等。要保证成功完成某项活动需要综合使用多种能力。在社会活动当中，人与人在能力上存在一定的差异。这是由于能力既受遗传素质的制约，也受个体生活实践及社会历史条件的影响，而每个人的遗传素质和生活实践经历各不相同所形成的。个体在能力上的差异使有的人善于交际，有的人不善于交际。但是个人能否建立良好的人际关系与他的智力是无关的，因为智商高的人不见得比智商低的人有人缘。影响个体人际关系的是人的一般能力，而非智力和特殊能力。

（2）气质。气质是表现一个人的情绪和行为发生的速度、强度、灵活性方面的稳定和动力性心理特征，相当于通常所说的脾气、秉性或性情。在现实生活中，有人脾气暴躁、容易激动；有人性情温顺、情绪稳定；有人活泼好动、伶俐敏捷；有人行为稳定、反应迟缓，这些特征都是个性中的气质特征。

心理学家通常将人群划分为 4 种典型的气质类型，并对各种气质类型的优缺点进行了描述。

多血质：活泼好动，乐观大方，反应敏捷，喜交际，注意力易转移，情绪、兴趣多变，缺少持久力，善于适应环境变化，偏外倾性。此种气质类型的人，应着重发扬其热情活泼、机智灵活的长处；尽量避免自由散漫、见异思迁等短处。

胆汁质：反应迅速，果断直率，精力旺盛，脾气急躁，情绪兴奋性高，容易冲动，情绪变化剧烈，控制力差，具外倾性。此种气质类型的人，具有豪放、开朗、果敢、进取的优点；但容易任性、粗暴、清高孤傲。

黏液质：安静少动，沉着稳重，多思慎行，反应缓慢，沉默少言，情绪不易外露，注意力稳定持久不易转移，善于忍耐，具内倾性。此类气质特征的人，优点是坚定、稳重、踏实、诚恳；缺点往往是谨小慎微、因循守旧。

抑郁质：深沉寡言，不擅交际，孤僻胆小，兴趣少，不活跃，行动迟缓，情绪体验深刻，细致敏感，富于幻想，温顺柔弱，偏内倾性。此种气质类型的人，应发挥其机警、细心、感觉敏锐等优势；注意克服孤僻、自卑、忧郁、多愁善感等弱点。

（3）性格。性格是一个人对客观现实较稳定的态度和与之相适应的习惯化的行为方式。它是构成个性的核心成分，反映着个体所特有的人格化的综合性心理特征。从结构上看，性格具有3个基本要素，即作为性格核心成分的处世原则、作为性格实体的对事态度和作为性格表现特征的活动方式。3个要素互相联系，以固定的搭配方式构成个体独特的性格。

性格按心理机能的优势划分有理智型、情绪型和意志型，按指向性划分有内向型和外向型，按独立性的程度划分有独立型和顺从型。

性格类型不同的人在人际交往中所表现出的态度与行为均不相同，他们对人际交往的认知程度也不相同。

自我意识在人际交往中的作用

自我意识是指每个个体对自己存在的觉察，即自己认识自己的一切，包括认识自己的生理状况（如身高、体重、形态等）、心理特征（如兴趣爱好、能力、性格、气质等），以及自己与他人的关系（如自己与周围人们相处的关系、自己在所属团体中的位置和作用等）。总之，自我意识就是自己对于所有属于自己身心状态的认识。例如，自己与他人进行对话时，自己意识到（察觉到）自己正在和人谈话，同时感觉（体会）他人对自己的表现是否满意，并判断自己的观点是否正确，等等。

从表面上看，自我意识是一个人对自己的认识与评价、对自己的感情和态度，这完全是在他内心世界的范围内进行的，他人无法知道。但是，实质上却是在一定的文化环境中，通过主体与其他人相互作用而形成的，是社会化的结果。一个人产生了对自己的认识与情感之后，就能够指导自己的行动，使个人适应社会。

由于自我意识是作为主观的我对客观的我的觉察，是自己对自己的认识、体验与控制，所以自我意识在某种程度上对人际交往也具有多方面的作用。

1. 自我意识中正确的自我评价对人际交往的作用

正确的自我评价，对于个人的心理活动及其行为表现、对协调社会生活中的人际关系有较大的影响。20世纪初期，美国社会心理学家柯里就指出："在人们的心理生活中，自尊或自卑的自我评价意识有很大作用。人们经常会把自己看作有价值的、令人喜欢的、优越的、能干的人。如果一个人看不到自己的价值，只看到自己的不足、什么都不如别人、处处低人一等，就会丧失信心，产生厌恶自己并否定自己的自卑感，这样的人就会缺乏朝气，缺乏积极性。"但柯里又指出："如果一个人只看到自己比别人好，别人都比不上自己，这样就会产生盲目乐观情绪，自我欣赏，自以为是，因此就不能处理好人际关系，调动自己及他人的积极性，而且会遭遇社会挫折，产生苦闷情绪。"

一般来讲，个体对自己生理、心理等方面的评价不可能做到各方面都恰如其分。人们认识客观世界总是从不全面到全面，从不正确到正确，何况正确认识自己、评价自己，这是一个更为复杂的过程，因为除了认知因素外，还会受到动机、需要、愿望等其他心理因素的影响，因此往往容易过高或过低地估计自己。

研究表明，青年及少年儿童对于积极的道德品质（如诚实、勤奋等）的自我评价往往高于他人对自己的评价；对于消极品质（如欺骗、懒惰等）的自我评价则往往低于他人对自己的评价。如果一个人的自我评价与社会上其他人对自己的客观评价之间的距离过分悬殊，就会使他与周围人们之间的关系失去平衡，产生矛盾。长此以往，还会形成自己稳定的心理特征——自满或自卑，不利于个人心理上的健康，也不利于人际交往的正常进行。

2. 自我意识中的自我情绪体验对人际交往的作用

自我情绪体验的内容十分丰富，下面主要讲自尊心与自信心对人际交往的作用。

（1）自尊心的作用。自尊心是自我意识的一个重要组成部分。自尊心就是尊重自己的人格、尊重自己的荣誉，不向别人卑躬屈膝、不容许他人歧视与侮辱自己，这是一种维护自我尊严的自我情绪体验，所以自尊心也称为自爱心。一个人如果缺乏自尊心，则任何的批评与表扬都起不了作用；有了自尊心，就不会为个人目的而奉承别人，也不需要别人奉承自己。

与自尊心密切相关的是羞耻心。羞耻心总是和上进心、荣誉感联系在一起。羞耻心是指由于发现自己在认知上、行为上的不足、缺点和错误而感到羞愧，受到他人侮辱而感到愤懑。羞耻心是产生自尊心的基础，没有羞耻心的人亦无所谓自尊心。羞耻心对自己的进步与成长有很大影响，一个人如果有了缺点与错误，不以为耻，反以为荣，那么他就无法进步。

怀有自尊心与羞耻心的人，总是有争先进、争上游、不达目的不罢休的好胜心，他们不甘落后，自觉而主动地遵守纪律，做好本职工作，创造性地完成任务。所以说，自尊心与羞耻心是推动人们不断上进的一种动力，有自尊心的人受到表扬会更加严格要求自己，有羞耻心的人受到批评会更加严格要求自己。自尊心是自我意识中最可贵的品质，它对于人们进行正常的人际交往是非常重要的。

（2）自信心的作用。自信心是对自己力量的充分估计，它也是自我意识的重要成分。自信心是人们进行人际交往不可缺少的一种重要的心理品质。一个人如果很自卑，看不到自己的力量，总认为自己不行，做不好工作，处理不好人际关系，久而久之就会形成一种固定的心理定式，从而产生对人际交往的恐惧心理，影响其人际交往的正常进行。而具有自信心的人则充分相信自己的能力，能够灵活自如地进行人际交往。可见，自信心对于人际交往的作用是非常重要的。

3. 自我控制对人际交往的作用

自我控制对个体的学习、工作及人际交往都具有推动作用。由于主观的我要求客观的我符合其期望水平，从而推动并促进其思考、记忆、注意、情感等心理机能处于积极活跃的状态，为获得优秀成绩、博得社会赞许及他人的好感而做出不懈的努力。

自我控制对个体态度的转变具有决定作用。个体的态度不是一成不变的，它随着客观的要求而发生变化。但是，一个人的态度的转变并不是由他人或团体强迫命令而完成的，而是通过自愿，也就是把客观的要求转化为自己的要求，即转化为主观的我的需要，未经这一转化，则其态度不能发生转变。例如，个人对自己各方面的评价都很高，认为自己一贯正确，甚至十全十美，则当客观上要求自己改变某种态度时，由于自己对自己的看法距离他人或社会对自己的看法过大，自己就会感到十分委屈，很难转变态度。另一种情况是，即使自己看到社会要求与现实的我之间存有很大差距，但自己却把社会要求降至最低水平，认为自己只要能够"混过去"就可以，那么也无法改变自己的态度，符合时代的要求。只有当个体真正意识到态度转变的重要性时，他才可能切实地将此落实到行动之上。例如，在人际交往中，个体认识到清高的个性使自己不受他人欢迎，他便会通过自我控制逐步改变这种个性，努力使自己成为一个受人欢迎的人。

通过态度预测行为

态度与行为

　　态度是个体在社会生活中，经过社会化和人际交往而逐渐形成的。态度一旦形成，便较为稳定，成为个体人格的一部分，从而影响到人的整体行为。

　　现在大多数心理学家都赞同把态度的构成分为 3 个部分，即认知、情感和行为倾向。他们认为态度是一种内心的心理活动，是由知、情、行 3 部分组成，是个体以认知的、情感的和行为倾向的反应方式对某种刺激做出反应的预先倾向。认知成分是指个体对态度对象所具有的知觉、理解、信念和评价。态度的认知成分不只是个体对态度对象的认识和理解，而且常常是带有评价意味的陈述，带有个体的评判、赞成和反对。情感成分是指个体对态度对象所持有的一种情绪体验，如尊敬和鄙视、喜欢和厌烦、同情和嘲讽等。行为倾向成分是指个体对态度对象所持有的一种内在反应倾向，是个体做出行为之前所保持的一种准备状态。由此我们可以看出，态度是个体做出行为前的内心体验，我们可以根据态度来判断个体的行为。

人的态度是在适应环境的过程中形成的，而在形成后态度又会反过来帮助人们更好地适应环境，更恰当地处理好各种交往关系（这里既包括自己应在人际交往中保持适当的态度，又包括通过别人的态度来预测其行为）。人们生活在社会之中，不可避免地会接触到各种社会关系，在各种交往中，控制自己的态度比通过别人的态度预测其行为要容易一些，比如一般人在会见客户时都会把自己的私人情绪暂时放在一边，但他们却不一定能够准确地根据接触对象的态度预测其行为，进而做出相应的策略。

社会心理学家研究态度的主要目的就是预测行为，但是许多研究表明，态度与行为的关系并不简单，影响态度对行为的预测有以下几个因素：态度的具体性、态度的成分、态度的强度、态度的通达性、人格变量。

因此，通过态度预测行为时，应注意以下因素。

（1）态度方面的因素：态度各成分是否一致——当态度的认知和情感成分一致时，预测率高；态度的特殊性；态度来自直接经验还是间接经验——来自直接经验的态度更能够预测行为；态度的强度和清晰度。

（2）行为方面的因素：是单一行为还是多重行为，单一行为与态度的关联度更强些；即时行为与长久行为——态度与行为间隔时间越短，预测准确率越高；情境压力如何——情境压力较小时，态度对行为的预测准确率会高些。

（3）主体方面的因素：态度对象与个人关联的程度——越是跟个人的价值观接近的态度越能预测行为；个人自身的人格因素，诚实的人不善伪装，而阴险狡诈的人则非常善于伪装，他们不会轻易把自己的真实态度表露出来。

如何理解他人的态度

人的态度往往是其感情的外显形式，要想正确理解一个人的态度，可以从考察其感情变化入手。而人的感情变化往往通过表情、动作、言语等方面表现出来。只要仔细观察，就不难理解。

1. 细察表情变化

人的感情变化反映到脸上是丰富多样的，即我们通常所说的表情多变。俗话说："人逢喜事精神爽。"反过来说，遇到悲伤，脸部的表情就会不知不觉变得僵硬起来。

我们要想准确看出对方的真实内心活动，首先，就要对表情的变化有透彻的认识，同时也要了解判断表情的原则，以此为基础，勤加训练，方能达到理解他人态度的目的。

为了了解感情变化与表情变化的内在联系，我们需要首先研究一下大脑的运动领域。大脑所负责的运动领域相当广大，其中负责脸部运动的领域与其他部分比起来要大许多。由此可知，能够把微妙的心态忠实显现的器官，当以脸部为最。

其次我们必须了解：随着感情的变化，脸上的哪些肌肉会被牵动，以及它们会呈现出哪些表情。为了容易理解，我们不妨把感情的变化分为"愉快"和"不愉快"两种，接下来我们看一下当这两种表情出现时，相应的脸部肌肉都会出现哪些特征。

愉快的表情在日常生活中很容易观察得到，当它出现时脸部的特征是：嘴角拉向后方；面颊往上收。

不愉快的表情特征是：嘴角下垂；面颊往下拉；眉头深锁，眉毛皱成"八"字。

人们日常所体验的种种表情的变化，就是以愉快、不愉快这两种对立的感情为基础的。可以把这些表情分为5种类型：欢喜、愤怒、痛苦与悲伤、惊讶与恐惧、嫌恶。我们在观察对方的表情时，可以先把其归为愉快或不愉快，然后再详细研究他的表情是属于愉快或不愉快中的哪一种。仔细推敲，定能知晓其感情变化。

2. 留心异常动作

如果对方压抑自己的感情，而不形诸外表，仅靠上一条中的那些知识，当然无法看穿对方的真心。碰到这种情况时，应该如何正确理解他人的态度呢？

此时，只要我们能认清感情的"性质"，一切就会迎刃而解了。

当一个人的感情处于压抑状态时，内心就会紧张，形成一种包藏能量的状态。这时候，他的心里就像装满水的容器，对它施以高压后，看似平静，实则其内部已经蕴含了巨大的能量。虽然这些能量不会马上爆发出来，但却不会波澜不惊的。只要留心观察，你便会发现，压抑感情的人会做出一些异常的动作。

那么，当一个人试图压抑自己的感情时，会出现哪些异常行为呢？

（1）脸上出现僵硬、痉挛的现象。当一个人由于感情变化勉强抑制情绪时，就容易产生这样的现象。如对上司心怀不满的职员，因为受到压抑，在见到上司时，脸上就会呈现出僵硬的表情。这时候，通常看到对方脸上会出现诸如过度的皱眉、面颊抽搐、双眼猛眨、鼻头起皱等肌肉反常的紧张、痉挛现象。

（2）一个人如果掩饰内心的感情，手、脚也很容易做出某种动作，这就是说，感情的能量被运动能量代替了。

例如，当客人久坐不走，主人又有事待办，希望对方快离开，但又不好意思直说时，主人就会表现得焦躁难安，手指不断地动，脚也不时地交叉后又放开。这些都属于"感情变形的动作"。

因此，在日常交往中，我们只要稍微用心观察，平常多注意积累经验，即使对方不把感情的变化显现出来，我们还是能够把他们隐藏住的感情一眼看穿。

3. 言谈泄露玄机

当一个人压抑自己的感情时，他的言辞或言谈方式也会出现一些异常现象。

例如，一个人心有不满或失望的时候，就会出现言谈无力、措辞枯涩、话题死板的现象。反过来说，如果心中有愧，想撒谎来掩饰心里的不安，往日寡言寡语的人也会突然变得能言善辩。

因此，当我们遇到一个对题外事滔滔不绝的人，就应该知道他是在掩饰某种意图，这时，便要小心观察，从他的言辞中去推测他想隐瞒的到底是什么。

又如，尖刻的挖苦话，往往是敌意、攻击性的表现；刻意形式化的客气言辞，往往是隐藏了憎恶的感情。

以上所说的，是有关人的感情受压抑之后，其表情、动作、言语方面产生变化的一般原则，若要了解此类感情，我们就要积极地自行进入"情况"，有时候，甚至故意撒谎，静观对方的反应。要想通过别人的态度正确预测其行为，就必须具有这种心理准备，否则难以成功。

脸色是最明显的态度

提起态度，人们通常会觉得它很抽象，也很难把握；但对于脸色，人们却非常熟悉，大部分人也都懂得看脸色行事。脸色是态度的一种外在表现形式，通常人们对于某一事物有什么样的态度就会表现出相应的脸色，所以我们在与人交往时，可以通过脸色预测其行为。这就是我们通常所说的"出门观天色，进门看脸色"。观天色，可推知阴晴雨雪，决定携带哪种工具，以不受日晒雨淋；看脸色，便可知其态度。态度往往通过表情显现于外，而人的行为又常常受到态度的制约。

人在高兴时，心情舒畅，看见高楼大厦，会联想到那是"凝固的音乐"；看见车水马龙，会联想到那是"滚动的诗歌"。而人在烦恼时，心情抑郁，欣赏《田园交响曲》会觉得是噪声；听到"二泉映月"，可能会想到虎啸猿啼。心情好时，就容易体谅、礼让、关心和帮助人，也乐意与人攀谈，接受别人的邀请，甚至看见小狗也能热情地打个招呼；情绪坏时，则容易发火，容易伤害别人，不想接受他人的询问，甚至动不动就恶语伤人，摩拳擦掌。因此，学会察言观色，留意对方的表情，互谅互让，当止则止，就可避免许多不必要的纠纷，求得和睦相处。

孩子在学校没犯错却挨了老师一顿莫名其妙的批评，装了一肚子气。傍晚放学后他背着沉重的书包怏怏然走进家门，刚端上饭碗，父亲又开始了"家庭教育"："我像你这么大的时候……"孩子越听越烦，觉得脑袋都要爆炸了。于是，连他自己也说不出为什么，把筷子一丢，大喊一声："烦死人了！"父亲认为儿子不应该顶撞自己，怒从心生将孩子又训斥了一番，委屈的孩子哭着跑开了。

这样的事例在社会生活中是经常发生的。假如这位父亲能够善解人意，发现孩子的表情与平常不同，进而窥测其内心的秘密，采用安抚疼爱的方法，待孩子吃完饭后再细心地开导，不仅不会把孩子气跑，致使父子关系僵化，而且会给孩子以心灵上的抚慰，加深父子感情。

诸如此类，举不胜举，尽管是些生活细节，但是如果我们能够通过当事人的态度，即当时的表情来预测其行为，便可以及时地把自己的言行组合或分解，及时地控制自己的喜怒哀乐，及时地改变错误的决定，及时地退或进，那么我们的人际关系一定会更加和谐。也就是说，通过态度预测行为，可以让你知人知面又知心，可以帮助你与人们建立起更丰富、更密切、更有效的关系，以获得权力、成功和爱。

如何避免错误判断

超级销售员通常有敏锐的观察力，能在很短的时间内根据客户的表情判断其需要。他们可以在瞬间发掘客户的潜在购买需要，再适当地说服客户购买他所推销的产品。这样强的观察能力，颇令人惊讶和佩服，不过观察力这样强的人是很少见的。由对方表情看出其内在的态度，并进一步预测其行为，按成功的比例而言，如果对方是很容易亲近的人，胜算占70%；如果对方是不易亲近的人，则占60%。在某些时候，人常常会有孤傲、冷淡的一面，让他人不易了解。

人的表情差异十分微妙，譬如"轻蔑"或者"惊讶"的表情，往往让人与"爱、幸福"的表情混淆，并产生误会。所以，对于表情的判断，还要根据当时的情况和言语的内容，以及姿势、动作等来判断较为恰当。

总之，无论一个人的观察力多么敏锐，都不能单靠一两次的经验，就妄下结论。要想避免错误判断，就应该掌握以下原则。

1. 要有"持续性"

在观察一个人的时候，别忘了反复思考下面3个问题：

（1）对方是经常出现这种表情，还是偶尔出现一次？

（2）其他的人有没有相同或相似的表情？

（3）朋友对这个人有没有相同的看法？还是只有你有这种看法？

当你可以区别各种不同表情之间的差异时，你才有可能对别人的态度做出正确的解读。

2. 多角度、多方面地观察

心理学里有两个名词很有趣，一个是前面内容讲的"晕轮效应"。举个例子来说，许多人都觉得，长得可爱的人，一定拥有温柔体贴、乐于助人、乐观开朗的特质！倘若你也有相同的想法，就表示你受到了"晕轮效应"的影响，要提高警觉。

另一个名词是"正性误差"。即当一个人具有某个正向特质，似乎理所当然他也具备其他一切美好的特质。譬如，不少人都相信，一个诚实（正向特质）的人，绝对是个忠心耿耿、善良勇敢、大公无私的人！假使你也有相同的想法，要小心被这类人隐藏的特质迷惑。

只有掌握了以上原则，并在生活中不断实践，才能尽量避免错误的判断，提高预测他人行为的准确性。

理解人际交往中的相互作用

在人际交往过程中，交往的双方都已不再是单纯的个体，而是与他人紧密地联系在一起。我们每个个体，总是在与他人的相互作用中交流与沟通信息，表达与增进情感，同时使自己与他人的行为也发生相应的变化。心理学家埃利奇·伯恩提出了一种相互分析理论，借助于这种理论，我们可以增加对人际交往中的相互作用的理解。

交往中的 3 种自我

伯恩认为，我们每一个成年人，实际上都拥有 3 种内在的自我，即成人自我、儿童自我和父母自我。从对日常生活的观察，我们也可以得到类似的体验。比如有的成年人，像大学生，在平时的学习和生活中，更多的是表现得像一个成年人；但是在有的时候确实又很像一个小孩儿，尤其是在其父母面前的时候；同时，在有的时候，他又会扮演一种父母的角色，对同学的关心，就像是父母在照顾孩子。

在伯恩的分析中，这 3 种内在的自我，有着不同的心理内涵。父母自我所表达的，是我们在童年时将自己父母的言谈举止、奖励惩罚、鼓励和限制等有关信息进行有选择的储存的结果。儿童自我是作为儿童的个体，对于其自己内部事件的记录与储存的结果。儿童本身是一个信息接收主体，他有其所见、所闻、所感和所知，有其自身的愿望，有其表达愿望和行为的方式。于是，父母自我的内容（比如对儿童的限制）与儿童自我的内容（比如儿童自己的愿望），往往是相互矛盾的。而一旦发展中的儿童意识到了这种矛盾，那么也就逐渐形成了其成人自我。伯恩认为，成人自我通过检验哪些是正确的、哪些是不正确的，来更新父母自我中所记录的信息；同时，通过确定哪些情感可以公开表达、哪些情感不能公开，来更新儿童自我中的信息。

这 3 种自我，在我们的人际交往过程中，有着完全不同的表现，也有着完全不同的意义。

3 种自我的线索

在实际的人际交往过程中，交往双方都会发生许多变化，或者说是发生一种总体性的变化，因为其表情、言语、手势、姿态等同时都会发生变化。通过这些变化的线索，我们可以判断 3 种内在自我的表现与作用。

比如，父母自我的表现线索：双手叉腰、皱起眉头、指指点点、摇头叹气、去拍别人的脑袋，等等；以及诸如"你要永远记住""我不能同意""我要是你的话"，等等，都被认为是父母自我表现的主要线索。

儿童自我的表现线索：撅起嘴巴、放声哭泣、抠鼻子、拨耳朵、咬指甲，等等；以及"我的要更好""我才不呢""我愿意""我不干"，等等，都被认为是儿童自我的主要表现线索。

成人自我的表现，应该是符合其社会规范的表现，比如说话时注视对方以示尊重，保持与谈话者的正常距离，以及采用较为礼貌的方式与人交往，等等，成人自我常常使用诸如"为什么""是什么""什么时候""怎样才能"等语言。

对于上述 3 种内在自我的表现线索有了基本的了解，我们就可以分析这 3 种自我在人际交往中所起的作用。

相互作用分析

借助于 3 种自我的表现线索，我们就可以在人际交往的相互作用中，确认自己以及他人的 3 种不同自我。一般来说，在正常的人际交往中，若是以两人的交往为例，其各有 3 种不同的自我，那么就会演变出许多种不同的交往方式来。

伯恩对此提出了其基本的交往规律，我们可以参照下图来进行分析。

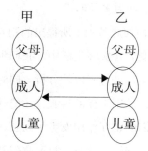

如果在交往双方的相互作用中，表现为两条平行线，那么就说明其相互作用是互补的，可以有效地持续进行下去，这是伯恩相互作用分析的第一交往规律。这种平行可以是成人对成人，父母对父母，儿童对儿童；也可以是一方的成人对另一方的儿童，并且有从其儿童返回的平行关系。

但是，甲、乙双方的交往，也可能会出现交叉，如下图所示：

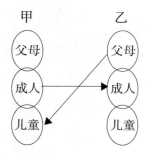

伯恩认为，这种交叉或交错的相互作用，往往会导致交往双方的纠纷，影响交往的正常进行，这也就是伯恩的第二交往规律：在父母自我—成人自我—儿童自我的关系图解中，当刺激与反应交叉或交错进行时，正常的交流便会受到影响。同样，这种交叉或交错，也可在双方不同的自我刺激与反应之间，表现为多种形式。

伯恩的图解，以及他在此基础上所提出的相互作用理论，被许多社会心理学家所认同和接受。在实际生活中，我们可以运用这种相互作用理论，来对我们的人际交往进行有效的分析。同时，伯恩的理论还告诉我们，应该在什么时候，采用怎样的自我，才能够保证相互作用的有效进行。或者说，若是我们的相互作用发生了问题，那么一定是交往双方的自我表现出现了偏差与交错。此时，只要我们及时地调整自我定位，使之与交往对象对我们的定位期望相符，便可消除矛盾，使双方的交往关系得以顺利进行下去。

第二章

了解他人的基本方法

测试：你具有察言观色的本领吗

1. 坐上公共汽车时，你：

A. 谁也不看

B. 看着站在旁边的人

C. 与离你最近的人搭话

2. 当你看橱窗时，你：

A. 只关心对自己有用的东西

B. 也看看此时不需要的东西

C. 注意观察所有东西

3. 在漫天繁星的夜晚，你：

A. 努力观察星座

B. 只是一味地看天空

C. 什么也不看

4. 你记住你邻居的：

A. 姓名

B. 外貌

C. 什么也没记住

5.进入某个单位时，你：

A.注意桌椅的摆放

B.注重用具的准确位置

C.观察墙壁

6.你从自己看过的风景中记住了：

A.颜色

B.天空

C.当时浮现在你心里的感受

7.在公园里等人时，你：

A.仔细观察你旁边的人

B.只看报纸

C.想别的事情

8.放下正在读的书时，你总是：

A.用铅笔标记读到什么地方

B.放个书签

C.相信自己的记忆力

9.上司今天闷闷不乐，似乎在生气，而你有事询问，你会：

A.直截了当地向他询问

B.先做自己的事，等他心情好一点再问

C.不是重要的事，索性不去问他

10.早晨醒来后，你：

A.马上就想起应该做什么

B.想起梦见了什么

C.回忆昨天都发生了什么

11.在大街上，你：

A.注意来往的车辆

B.观察建筑物的正面

C.看行人

12.同事在一小报上发表了一篇文章，兴奋地向你炫耀，你会说：

A."真了不起，文章写得真不错。"

B."文章写得不错，但应该向大报社投稿。"

C."我的朋友在报纸上已经发表过十几篇文章了。"

13.和人相遇时，你：

A.只看他的脸

B.悄悄地从头到脚打量他一番

C.只注意他脸上的某个部位

14.看到亲戚或朋友过去的照片，你会：

A.兴奋

B.觉得好玩

C.尽量了解照片上的人都是谁

15.你在摆好的餐桌前：

A.赞扬它的精美之处

B.看着人是否都到齐了

C.看看所有的椅子是否都放在适当的位置上

计分方法

选项\得分\题号	1	2	3	4	5	6	7	8	9	10	11	12	13	14	15
A	3	3	10	3	3	10	10	3	3	10	5	10	5	5	3
B	5	5	5	10	10	5	5	5	10	3	3	5	10	3	10
C	10	10	3	5	5	3	3	10	5	5	10	3	3	10	5

完全解析

60 分以下：说明你绝对不关心周围人的内心想法。你甚至连分析自己的时间都没有，更不会去分析别人。因此，你是一个自我中心倾向很严重的人。这可能会成为你人际交往、职场开拓的不小障碍。

61 ~ 80 分：说明你对别人隐藏在外貌、行为方式背后的东西漠不关心，但你在与人交往中不会产生多少严重的心理障碍。

81 ~ 99 分：说明你有相当敏锐的观察能力。但是对别人的评价有时会带有偏见。

100 ~ 150 分：说明你是一个很有观察力的人。同时，你也能分析自己和自己的行为，你能够极其准确地评价别人。

要想理解他人，需要借助一定的方法，比如下面我们所要提到的言语线索与非言语线索，以及归因理论等。掌握了这些方法，你就会发现，他人的行为与思想变得不再陌生了，从而你也不会对此产生强烈的反感。

读人先读声：言语是思想的载体

言语是破译心态的密码

言语是思想的载体，思想是语言的灵魂，两者在相当程度上有密切的关系。在人们的现实生活中，常常会有欲言又止、吞吞吐吐的现象发生，在那一刻他内心的心理密码已经泄露了他的真实动机。下面我们将告诉你怎样通过言语来破译他人的心态。

（1）在正式场合中发言或演讲的人，开始时就清喉咙者，多数人是由于紧张或不安。

（2）说话时不断清喉咙、改变声调的人，可能是有某种焦虑。

（3）有的人清嗓子，则是因为他对问题仍迟疑不决，需要继续考虑。一般有这种行为的男人比女人多，成人比儿童多。儿童紧张时一般是结结巴巴，或吞吞吐吐地"嗯……啊……"，也有的总喜欢习惯性地反复说："你知道……"

（4）内心不诚实的人，说话支支吾吾，这是心虚的表现。

（5）卑鄙乖张的人，声音会阴阳怪气，非常刺耳。

（6）有叛逆企图的人说话时常有几分愧色。

（7）情绪激动之时，就容易有言语过激之声。

（8）内心柔和平静的人，说话之时总是如小桥流水，平柔和缓，极富亲和力。

（9）浮躁的人喋喋不休。

（10）心中有疑虑、思想不定的人说话总会模棱两可。

（11）善良温和的人话语总是不多。

闲谈是一种从言语密码破译对方心态的最好方式，闲谈时，整个氛围显得轻轻愉快，可让对方降低心理防线。

第二次世界大战中期，东条英机出任日本首相。此事是秘密决定的，各报记者都很想从参加会议的大臣们口中探得秘密，却一无所获。这时候，有位记者用心研究了大臣们的心理，他们不会说出是谁出任首相，但假如问题提得巧妙，对方会不自觉地露出某种迹象，就有可能探得秘密。于是，他向一位参加会议的大臣提了一个问题：此次出任首相的人是不是秃子？因为当时有 3 名候选人：一个是秃子，一个是满头白发，一个是半秃顶，这个半秃顶就是东条英机。在这看似无意的闲谈中，这位大臣虽然没有直接回答出具体的答案，但聪明的记者从大臣思考的瞬间，就推断出最后的答案，因为大臣在听到问题之后，一直在思考半秃顶是否属于秃子的问题。记者从随意的闲聊中套出了他需要的第一手资料。

在人际交往中，最容易被破译密码的语言，就是客套话。客套话的存在是社会发展的必然结果。但是客套话要运用恰当，当过分牵强而显得不自然的时候则说明此人别有用意。在毫无隔阂的人际关系中，并不需要使用客套话。不过，当在此种亲密的人际关系里，突如其来地夹入了客套话的时候，就必须多思考一下其真实意图。有时候，男女朋友之中的某一方，使用超乎寻常的客套话时，就很可能是心里"有鬼"的征兆。

用过分谦虚的言语谈话时，可能在表示强烈的嫉妒心、敌意、轻蔑、警戒心，等等。"语言乃是测量双方情感交流的心理距离的标准"，客套话使用过多，并不见得完全表示尊重，往往也可能含有轻蔑与嫉妒的情绪。同时，在不知不觉中将他人与自己隔离。因此，在使用客套话时应该慎重。

言语的 4 种风格

一个人的言语风格可以从一个侧面反映他为人处事的态度和生活理念。言语的风格有很多种，如文雅敦厚的，庸俗刻薄的；热忱大方的，冷漠畏缩的；滑稽幽默的，呆板无趣的……每个人都有自己独特的言语风格，每种言语风格都能在现实中找到活生生的例子。通过一个人说话的风格，我们可以大体上了解他的性格特征。言语的风格多种多样，不能够一一详述，这里我们仅举出 4 种比较典型的、常见的言语类型，并做一定的分析：

1. 含蓄型

它是一种相对而言的言语风格，正如宋词有以辛弃疾、苏东坡为代表的豪放派，相对的是以柳永和李清照为代表的婉约派。具有这种言语风格的人属于感情细腻、敏感多疑型。他们不愿让别人了解自己内心的真实想法，时刻注意别人对自己的看法和感受，属于非常理性谨慎型的人，说一句话前会不断权衡，懂得怎样拿捏分寸。但他们常常会给人不真实、不坦率的感觉。这种人内心想法颇多，又不愿对旁人随便倾诉，容易给自己造成较大压力。

2. 直爽型

具有这种言语风格的人，多半坦诚、直接，胸无城府，心直口快，说话不会拐弯抹角。在小说中，这种言语风格多体现于英雄豪杰身上，他们粗犷而直白、真诚而袒露。这样的人值得信任、容易交往，而且精神饱满，做事有热情，对朋友仗义豪爽。但任何事物必然有其两面性，这种言语风格也很容易出口伤人，说话太直接、太真实，不顾及对方的感受，有时候难免会"伤人自尊"。

3. 保守型

具有这种言语风格的人大体而言比较保守，谨小慎微，性格比较沉稳，稍显内向。这样的人不会乱开玩笑，说话极有分寸。但有时候过分规矩，反而会显得呆板、固执、"较真儿"，给人不通情达理的感觉。

4. 幽默型

风趣、幽默的言语不仅能逗人开心，也是智慧的体现。这种言语风格能帮助人们提升社交能力、个人魅力，改善人际关系。拥有这种言语风格的人大多乐观开朗、聪明活跃。他们往往会成为人群中的焦点，有他们在，就能够避免冷场的尴尬，起到调节气氛的作用。但这种言语风格的运用也应该讲究场合，因人而异。能够在恰当的场合，对恰当的人幽默，才是智慧的表现。

言语的类型不一而足，每一种类型都有其产生的环境和背景。通过言语的风格来判断一个人的个性、品位、素质，是理解他人的基本方法中必不可少的一个环节。

听话要听出"弦外之音"

在日常交往中，通常存在着两种类型的话语：一种是表面话语，而另一种是"弦外之音"。"弦外之音"才是一个人真正表达其感情或祈求的内心话，因此，如果想要正确地理解他人，我们就必须懂得如何去听出对方话语中的"弦外之音"。

在日常的对话之中，我们必须从隐藏在对话背后的"弦外之音"上着手，才能够使彼此的意思或感情得到有效的沟通。

举一个例子来说：

在一个天气暖和的上午，晓惠坐在公园里的一张长椅上欣赏风景。

这时候，坐在离晓惠不远的长椅上的一名男士，突然向她说："今天天气很好啊！天上一片云彩也没有。"

如果从他这句话的表面来想，他只是向她叙述天气的状况；可是实际上，它还隐藏着许多的意义。

首先，表示他很想和晓惠谈话。其次，由于他怕晓惠不愿意和他这样一名素不相识的人对话，所以就借这句话来试探她的反应。

如果他一开口就问："你从事哪一方面的工作？""你有几个小孩？""请问贵姓？"万一晓惠不理他，他不是会感到很尴尬吗？所以，他就借叙述天气和晓惠攀谈。

为了能够迅速听出别人的言外之意，我们必须养成这样的习惯：当自己听别人在说话，或者是自己在和别人对话时，要自问一下："他为什么要这么说？""他那句话中的'弦外之音'是什么？"

如果对方是在炫耀他那光荣的过去，这时候我们就要留心了，因为此时他心里正在期待着我们的夸奖，所以，只要顺其意夸奖他，你就一定能够获得他的好感。

同时，我们也要懂得如何听出讥讽、嘲笑、挖苦等言外之意。对方之所以会向我们说这种话，一定是因为对我们感到不满才会这样的。遇到这种情况时，我们不要立刻反驳或一味生气，就当作没有听到好了，免得和对方发生不必要的冲突。不过，事后最好能自己检讨一下，为什么别人会讥讽我？我本身是否有什么缺点？或者是无意中得罪了人家，才会引起别人的怨恨，而以讥讽来消除他心中的怨恨呢？当我们得知了其中的原因之后，并且及时改正自己的行为，那么，虽然受到别人的讥讽，也可以说是从中受益了。

从言谈话语洞悉对方心理

人在试图掩盖某种真相时，往往会改变言谈的内容，因此要想从言谈内容上判断对方的真实用意是十分困难的，但他的语速、语调及韵律等，却会十分真实地反映其内心的变化。人们往往在无意中，会经由这些因素，表现出所谓的言外之意。而我们也应该设法从这些因素来试图了解对方的心理。

1. 语速方面

语速快的人，大都能言善辩；语速慢的人，则较为木讷。语速为每个人固有的特征，依人的性格与气质而异。不过，在心理学中要注意的是，如何从与平时相异的言谈方式中了解对方心理。平日能言善辩的人有时候忽然结结巴巴地说不出话来；相反的，平时木讷讲话不得要领的人，却突然滔滔不绝地高谈阔论。遇到这种情况，我们就应该留意了，必定发生了什么问题，应仔细观察，谨慎行事。

语速快的人多性格外向，比较有活力，朝气蓬勃，总给人一种很阳光的感觉。但是，语速太快的人，则会给人一种非常紧张、迫切的感觉，同时也会让人觉得焦躁、混乱及不安。

语速缓慢的人，会给人一种诚实、忠恳、深思熟虑的感觉，但也会显得犹豫不决、漫不经心，甚至是悲观消极。

大体而言，当语速比平常缓慢时，是表示不满对方或对对方怀有敌意；相反的，当语速比平常快时，则表示自己有短处或缺点，心里愧疚，言谈内容有虚假。

从心理学的角度看，当一个人的内心深处有不安或恐惧情绪时，语速便会变快。凭借快速讲述不必要的多余事情，试图掩饰隐藏于内心深处的不安与恐惧。但是，由于没有充分的时间让他冷静反省自己，因此，所谈内容空洞，很容易被人窥知其心理的不安状态。

2. 说话音调方面

通过对说话音调的观察，一样可以了解对方的心理。

肖邦曾在一家杂志专栏中叙述道："当一个人想反驳对方意见时，最简单的方法就是拉高嗓门——提高音调。"的确如此，人总是希望借着提高音调来壮大声势，并试图压倒对方。

说话音调高是任性的表现形态之一，一般而言，年龄越高音调会随之相对地降低。而且，随着一个人心理的逐渐成熟，便具备了抑制"任性"情绪的能力。但是，有些成人音调确实是相当高的，这种人的心理便是倒回幼儿期阶段了，因此，自己无法抑制任性的表现。在此情况下，也绝对无法接受别人的意见。

3. 说话韵律方面

这也是了解对方心理的重要因素。充满自信的人，谈话的韵律为肯定语气；缺乏自信的人或性格软弱的人，讲话的韵律则慢吞吞，其中，也有的人会在讲一半话之后悄悄地说："不要告诉别人……"此种情况多半是秘密谈论他人闲话或缺点，但是内心却又希望传遍天下的心态。

成功的政治家和企业家，在控制言谈的韵律方面都有独到之处。这种细节性的处理方式，使他们赢得了社会或下属的认可与尊重。

非言语观察：表情、服饰、眼睛、身体动作

非言语观察是理解他人的一条重要途径。人们在对他人形成印象或对他人行为进行理解时，都或多或少地依赖于对其非言语行为的判断。在对他人的情绪和态度的认知方面，非言语行为有着无可比拟的重要性。社会心理学的研究表明："几乎一切非言语的声音和动作，都可以用作理解他人的手段。"非言语观察主要包括从表情、服饰、眼睛和身体动作等几方面进行观察。

表情——情绪的指南针

我们都知道表情是内心活动的写照。透过表象窥探心灵的律动，把

握情绪变化的尺度，了解感情互动的根源，表情就是传递这种信息的显示器。

1973 年，美国心理学家拜亚曾经做过这样一项实验：他让一些人表现愤怒、恐怖、诱惑、无动于衷、幸福、悲伤等 6 种表情，再将录制后的录像带放映给许多人看，请观众猜测何种表情代表何种感情。其结果是，观看录像带的这些人，对此 6 种表情，猜对的平均不到 2 种。表演者即使有意摆出愤怒的表情，也会被观众以为是悲伤的感情。

从这个事例上看，虽然表情相对于语言更能传递一个人的内心动向，对揭示性格有很大的帮助，但要具备在瞬间勘破人心的能力，看似简单，实属不易。人类在长期生活实践中，学会了掩饰内心真实情感的手段，这种手段在现代商业谈判中屡见不鲜。洽谈业务的双方，一方明明在很高兴地倾听对方的陈述，且不时点头示意，似乎很想与对方交易，对方也因此对这笔生意充满信心，但没想到对方最后却表示："我明白了，谢谢你，让我考虑一下再说吧。"这无疑给陈述方当头浇了一盆凉水。

所以，人们在通常情况下，没有对人们内心活动的足够研究，是不太容易探视出对方真实想法的。

要想根据表情把握一个人的情绪变化，有以下几点需要注意：

1. 表情具有复杂性

表情会因很多因素的不同而有差异，比如，性别、年龄、文化，等等。但是，一般来说，单一的表情还是容易判断的，最难以判断的是有几种表情同时出现在一张脸上。另外，一些外部因素也会给判断情绪带来困难。

使判断复杂化的因素包括：先前是否见过要判断的脸，综合背景环境线索，判断者的情绪状态，被判断者的面部特征，观察面部的具体方法。

表情是情绪的晴雨表，通过表情，我们可以观察到与我们交谈的人的言语之外的反应。眉飞色舞、笑逐颜开，标志着谈话气氛非常融洽；怒目而视、左顾右盼，则说明谈话并不投机。

当然，一些细微的表情变化，也可以提示我们对方是否对话题感兴趣，是否愿意继续下去。比如，眼神的朝向可以提示对方是在倾听、思考还是漠不关心；嘴唇紧闭提示对方要下决心；青筋暴露说明对方马上就要发怒，该采取应急的措施了。

2. 从表情可以推断人物性格

不同性格的人，在同一情绪下的表情可能不同：遇到高兴的事情时，开朗的人可能开怀大笑，腼腆的人则可能仅仅抿嘴笑笑，而抑郁的人可能只露出一丝苦笑。常常面带笑容、面部肌肉自然放松的人，他的心态一般比较稳定、平静；而常常愁眉苦脸、面部肌肉紧张的人，他的心态往往不太稳定，可能心胸狭窄、脾气暴躁。

由于面部表情由面部肌肉的活动形成，肌肉活动会在脸上形成各种表征，比如皱纹。久而久之，这些表征就会刻记下来，成为永久的表情，这些永久的表情会向外界透漏出本人性格方面的某些特征。

3. 表情可以帮助人们在交谈时去伪存真

由于各种各样的原因，人们在进行言语交谈时并不一定完全说出自己的真实想法，这样一来，交流的有效性就会大打折扣。这时候，表情可以帮助交际的双方正确理解各自的真实意图。因为多数表情是生理性的，不受意志支配，当一个人想隐瞒真相时，就会使有声语言偏离真实的意图。但是，这时候表情就可能背叛他，把被有声语言掩盖的事实揭露出来。比如，当雇员对老板不满时，虽然嘴里说着得体的话，脸上却会露出不满的表情。

除了有声语言会掩盖真情之外，人们还会使用表情来掩盖真实的感受或意图。比如，有的人在谈论自称是让他快乐的事情时，脸上露着欣慰的笑，但是，如果他的感受是假的，很可能会有一种别的表情飞快地略过脸上，或者仅仅在眼睛里一闪而过。这种短暂的表情称为瞬间表情，它是被蓄意隐藏了的，但是，它会随时跳出来揭穿表演者的伪装。

服饰语传递信息

服饰语是指在交际场合通过服装和饰品所传递的信息。服饰能显示一个人的职业、爱好、社会地位、气质、文化修养、信仰观念、生活习惯及民族地域的风俗，等等。服饰作为一种信号比身体本身的信号更加引人注意。

随着社会的进步与发展，现在从衣着打扮上判断一个人的难度在无形之中增大了，因为现在的人们提倡张扬个性，不再拘泥于这样或那样的形式，所以不能按照传统的一套进行观察和判断。

一般来说，如果掌握了一些原则，我们还是可以根据服饰语传递的信息来了解他人的性格特征，这些原则如下：

（1）喜欢穿简单朴素衣服的人，性格比较沉着、稳重，为人较真诚。这种人在工作、学习和生活当中，做任何事情都比较踏实，勤奋好学，而且能够做到客观和理智。这种人的缺点是缺乏主体意识，软弱且易屈服于别人。

（2）喜欢穿单一色调衣服的人，多是比较正直、刚强的，理性思维要优于感性思维。

（3）喜欢穿浅色衣服的人，多比较活泼、健谈，且喜欢结交朋友。

（4）喜欢穿深色衣服的人，性格比较稳重，显得城府很深，不太爱多说话，凡事深谋远虑，常会有一些意外之举，让人捉摸不定。

（5）喜欢穿式样繁杂、颜色鲜艳衣服的人，多是虚荣心比较强、爱表现而又乐于炫耀的人，他们任性，甚至还有些飞扬跋扈。

（6）喜欢穿华丽衣服的人，有很强的虚荣心和自我表现欲、金钱欲。

（7）喜欢穿流行时装的人，最大的特点就是没有自己的主见，不知道自己有什么样的审美观，他们多情绪不稳定，且无法安分守己。

（8）喜欢根据自己的嗜好选择服装而不跟着流行走的人，多是独立性比较强、有果断决策力的人。

（9）喜欢穿同一款式衣服的人，性格大多比较直率和爽朗，他们有很强的自信心，爱憎、是非、对错往往都分得很明确。他们的优点是做事果断，显得非常干脆利落。但他们也有缺点，那就是清高自傲，自我意识比较强，常常自以为是。

（10）喜欢宽松衣服，不要求剪裁合身、款式入时的人，多是内向型的。他们常常封闭自己，而融不到其他人的生活圈子里。他们有时候很孤独，也想和别人交往，但在与人交往中，又总会表现出不知所措，所以到最后还是以失败告终。他们多是没有朋友，可一旦有，就会是非常要好的。他们的性格中害羞、胆怯的成分比较多，不容易接近别人，也不易被人接近。他们对团体活动一般来说是没有兴趣的。

以上就是根据服饰语判断他人性格特征的一些原则，当然这些原则也不是万能的。要想在初次见面时就根据一个人的穿着打扮判断出他的性格，还需要我们在实践中多积累经验，做个有心人。

眼睛是心灵的窗户

更多的时候，人的眼睛比嘴巴更会说话。从一个人的眼睛中，可以大概读懂一个人。一个人无论心里想什么，他的眼睛都会立刻忠实地告诉你。即使难以用言语表达的，眼睛也会原原本本地表现出来。所以仔细观察眼睛，是了解一个人心理动向的捷径。通过眼睛，我们可以理解一个人的性情及真实想法。

1. 看目光识人心

心理学家认为，一个人的眼睛不能掩盖心里的邪恶念头：心胸纯正，目光就清澈、明亮；心胸不正，目光就昏暗、有邪光。可见，从一个人的眼睛可以清清楚楚地分辨一个人的品性高低、心术正邪。具体来说，看目光识人心包括下列内容：

（1）眼睛闪闪发光，表明对方精神焕发，是个有精力的人，对一切事物很感兴趣。

（2）目光飘忽不定，表示他是个三心二意，或拿不定主意，抑或紧张不安的人。

（3）目光炯然，表明他是个有胆识的正直之人。

（4）目光呆滞黯淡，说明他是个没有斗志的人。

（5）目光忽明忽暗，说明他是个工于心计的人。

（6）主动与人进行目光交换的人，说明他的心胸坦荡。

（7）不敢正视或回避别人的目光，表明此人是个内心紧张不安或言不由衷，有所隐藏的人。

2. 观视线识心理

一个人内心深处的欲望和感情，最主要是从视线透露出来的。一个人通过别人看自己的视线可以体会出此人对自己的看法和态度。

（1）视线的方向是观察的要点。讲话时对方是否看着我们，能表明他对我们有无好感或兴趣。一般来说，当我们与别人谈话时，对方不看我们，或是环顾左右，或是目光淡漠，无热情的信息传达，表明他对我们的谈话内容不感兴趣，或是心不在焉，在想别的事情。我们的话他没听进去，也说明此人对我们不感兴趣或无亲近感。

（2）视线朝下者胆小怯懦。当我们看着对方的眼睛时，对方把视线悄悄地往下移，是因为他意识到，我们在年龄和社会地位上都是他的长辈和上司，或者意识到我们是他的强大对手，与我们谈话时会带有一种紧张感。

（3）视线左右游移则表示拒绝。如果对方视线是左右游移，表示他有拒绝之意，而且无意中表现出对我们并无好感的信息。

（4）视线直视是敌对的表现。如果对方一动不动地直视着我们，则说明他受到某种强烈打击，或怀有强烈的敌对心理。

（5）视线飘移不定表示内心不安。常见于情绪低落的时候，表示失去安全感，或者在思考某些事。

（6）视线向上是自信的表现。说话时视线稍稍向上的人，大多对自己的地位、能力有极大的自信，性格也比较外向。公司里的重要人物和管理人员有这种眼神的较多。

身体语言识人

在交往中，身体语言也能泄露对方的内心信息。

1. 手部动作

一位心理学家曾指出，通过别人手部的活动，也能观察出他内心的真实想法。

比如谈生意时，在我们说明了来意和观点后，如果对方不置可否，不知道是拒绝还是应允，这个时候就要注意他手部的细小动作。

表示肯定的手部动作：手部放松，手掌张开；将手摊放在桌子上，清除桌子上的障碍物；抚摸下巴。

而如果他的内心是持否定态度的，那么，虽然表面上他似乎也会装出感兴趣的神色，但是，手部动作仍会泄露其秘密。这些否定动作有：打开抽屉又关上，好像在找东西；在身体前面紧握双拳；两手放在大腿上，张开手时，拇指相向；两手交叉按在头部后面或手指按在额头正中央；两手撑住下巴，用手指连续敲桌子；手向着你，屈指数数；不断地把玩桌上的东西，或将它重新放置。

除以上这些动作之外，还有一些动作能透露其真实的内心信息，如一个人用手摸后颈时，往往是出现了恼恨或懊悔等负面情绪。

2. 足部动作

除了手部动作以外，足部动作也能透露一个人的内心信息。

当一个人两只脚踝相互交叠，那么，他可能是在克制自己。人在紧张、焦虑的时候，往往会这样。

当一个人架起双腿，说明他在对方面前有优势；相反，如果并拢双腿，说明他在对方面前处于劣势。在人多的场合，谁架着双腿，可能谁就是头儿。

3. 走路姿势

走路的姿势和幅度也会折射一个人内心。当一个人两手插在口袋中、拖着脚步、很少抬头注意自己往何处走的时候，他可能正是心情沮丧的时候；而抱着双臂、迈着八字步缓慢行走的时候，则说明他正处在一种悠闲的状态中。

身体语言在特定场合下是有专门含义的，某种姿态是能够表达某种特定的内心感受的。例如，来回搓手，表示不安、拘束和窘困；摊开双手，表示无可奈何，或真诚与公开；双手叉腰，表示挑衅；双手交叉胸前，表示防卫；笔直僵硬地坐着，表示紧张；坐在椅子边缘上，表示恭维；坐在椅子上交叉双腿，另一只脚不住地轻轻踢荡，表示漫不经心或厌倦；咬嘴唇或抽烟表示争取时间思考或暂时不愿讲话；等等。

在人际交往过程中我们还要注意以下一些忌讳姿势：站起来自我介绍时，摇头晃脑，全身乱动；斜靠椅背打哈欠、伸懒腰；跷着二郎腿，并将跷起的脚尖冲着他人；用手指敲叩桌面，不管他人的感受；踮起脚尖，抖动小腿；当众用手挖耳孔、鼻孔、剪指甲、照镜子、梳头、搽口红；将两手搂在头后，在沙发上仰躺；讲话时，嘴中吃着东西，或边讲边抽烟；双臂交叉，乜斜着眼睛看人；与人交谈时，反复看时间。

这些身体动作被视为不友好的表现，如果我们不加以注意，就可能使我们同他人的交往以失败告终。

抓住非言语线索，识破谎言

在生活中，我们经常能体验到谎言的存在。说谎的原因也有多种，有的人是出于习惯，有的人则是迫不得已。这一事实提出了一个重要问题：我们如何知道别人在撒谎？答案的一部分与非言语线索有关。当人们撒谎时，他们的面部表情、身体姿势和动作，以及说话的某些非言语方面等都有微妙的变化。让我们看看我们所能具有的识破别人谎言的能力吧！

识别谎言的 5 种非言语线索

第一种，瞬间闪现的面部表情。有心理学家指出，识别他人谎言的一个有效线索是瞬间闪现的面部表情。这种反应在一个人的情绪被真实唤起之后快速出现而且很难抑制。因此，它们能揭示人的真实感受和情绪。比如，我们问一个人是否喜欢某样东西，在他反应时密切地关注他的脸。如果我们看到一个表情（比如皱眉）之后紧跟着另一个表情（比如微笑），这就是他撒谎的信号——他正在表达一种观点或反应，而实际上他的真实观点是另外一个。

第二种，非言语线索是各通道之间表达的不一致，即在不同的基本通道之间的非言语线索不一致的情况，产生这种现象是因为说谎的人很难同时控制所有的通道。比如，他说谎时可能控制好了面部表情，但却不能同时控制好他的肢体。

第三种，非言语线索涉及说话的非言语方面。当人们说谎时，说话的音调经常升高，并且更加犹豫，还会有很多错误。如果我们在别人说话时看到了这些变化，说明他在撒谎。

第四种，谎言经常被目光接触的某些特征所揭示。撒谎的人会比说实话的人更频繁地眨眼，瞳孔也会更大。他们与人目光接触水平较低或较高，因为，他们企图通过直视别人的眼睛获得诚实的假象。

第五种，撒谎的人有时会表现出夸张的面部表情。他们可能比平时笑得更多，或表现出过分的悲伤。一个基本的例子是，某些人对我们提的要求说"不"之后，表现出过分的歉意。这正是预示着他们说"不"的理由可能是假的。

我们平时只要留心观察，并注意积累经验，就可以判断出别人是否在说谎，或者只是企图对我们隐藏他们的真实感受。识别谎言的成功不是绝对的，有些人是熟练的说谎者，但是如果我们仔细注意以上所说的线索，他们的蒙蔽将变得更加困难。

认知因素影响我们识别谎言的效果

以上的论述似乎表明，我们对谎言的侦察越努力，结果就越成功。然而令人惊奇的是，事实并不总是如此。原因是：当别人企图欺骗我们的时候，我们只能仔细关注他们的话语或者只能关注他们的非言语线索——因为我们的认知能力有限，很难同时关注两者。而且，我们识别谎言的动机越强，越有可能仔细关注他们的话语——仔细地听他们在说些什么。但实际上，揭示谎言的线索大都是非言语的。所以，自相矛盾的是，识别谎言的动机越强，效果越差。

心理学家曾做过这样的实验：他们让大学生就各种话题（比如，死刑、移民限制的问题）发表真实看法或者撒谎——表达相反的观点，把这些陈述录像。然后，放给实验中的另一部分被试者看，要求他们判断录像中的人是否在撒谎。为了操纵判断者识别谎言的动机，一半（高卷入组）被告知过后要接受有关录像信息的提问，并且被告知问题回答的情况将代表他们智力和社会技能的水平；另一半（低卷入组）被告知过后要回答的问题与录像内容无关，并且不告诉他们回答问题的成功是对智力和社会技能的测量。

结果低卷入组的判断者比高卷入组的判断者更准确。心理学家认为产生这一结果是因为高卷入组的被试者集中注意于录像中人物的谈话内容，而低卷入组的被试者更多地注意到了非言语线索。

无论其确切的机制如何，这个实验以及相关的研究表明，像许多其他工作一样，识别谎言时，过分的关注有时反而收到相反的效果。

可能有的人会提出这样的疑问：谎言能被不同文化的人识破吗？美国心理学家邦德的研究表明，我们确实能发现来自不同文化的人在撒谎。在他的研究中，邦德让具有不同文化（美国、约旦、印度）的人观看与自己具有相同和不同文化的人的录像，这些人有的在说谎，有的人说的是实话。被试者识破同一文化人的谎言比不同文化人的谎言更准确。但是，对于不同文化人的谎言，被识破的准确性也高于随机的猜测。这样的结果表明，相对于口头语言，非言语线索的语言不需要翻译。

归因理论：理解他人行为的基本心理学理论

归因是指人们对自己或他人行为的原因进行推测、判断或解释的过程。在人际交往中，个体根据对他人行为中表现出的外部特征的观察，推测其内在心理状态的过程，就是归因的过程。归因是否正确，直接影响着对行为意义的估计与态度，以及对行为成败的预见与控制。如一个熟悉的人突然向你大献殷勤，你会感到奇怪，猜测他的动机；一个陌生人敲开你的家门，你会感到吃惊，猜测他的意图。通过归因可以主观地找到对他人行为的合理解释。

归因是一种心理过程，同时也是人的一种普遍的需要。通过归因，人们可以判断与自己相处的其他人与自己的利害关系、判断自己的某种行为可能带来的奖惩后果，以提高自己对事件的预见性和控制力，提高自己的人际交往能力。

要想很好地利用归因理论为自己服务，首先必须了解一些有关归因理论的基本原则。从社会心理学家的理论和研究中，我们可以总结出以下几点有关归因的基本原则。

扩大原则

根据这种原则，一个人行为的结果越是不利于他自己，或其行为表现违反了社会认可的规范，越容易对行为者的行为做内因的归属。

比如，尊敬长辈是社会认可的规范，一个年轻人对长辈很有礼貌，见面打招呼，做长辈的可能不会因此而认为这个年轻人内心就真正尊敬他。若长辈染病住院，年轻人仍不辞辛苦，送饭、送药，长途跋涉去看望，像这种要花费个人时间和精力的行为，常可归为内因，即这人确实是尊重和关心长辈。

在某个社会情境里表现出与大多数人都一样的行为称为合角色行为，这是社会认可的行为。一个人表现出合角色行为时，通常是外在因素的影响。违反社会规范和角色期望的行为称为不合角色行为，不合角色行为常会遭到社会的排斥和责难，是明知其不可为而为之，这种行为能够提供较多关于个人意愿及个人本质的情况，因而可做内在归因。比如，一个人贪赃枉法、损公肥私，就是不合角色行为，我们通常会认为是他利欲熏心、自私自利的结果（内在归因）。

折扣原则

凯利曾经表达过这样的观点：某一特定原因在产生特殊结果的作用时，假如有其他可能的原因也存在的话，这种作用常会被打折扣。也就是说，在有一种以上的可能原因存在的情况下，我们将行为归为某一特殊的原因时常不能太确信。

例如，一位下级对上级非常尊重，处处表现得周到妥帖，我们可以将他的行为归因于他真的爱戴他的上级。更可能的是，我们会将这项原因打折扣，并把这些行为部分地归之于下级对上级的奉迎，意在为自己谋利。当然，若这位上级不再在其位而下级还能一如既往地对待他，则"自私"不再是一个可能的原因，没必要因此而对"爱戴"这一原因打折扣。

社会心理学家做过这样的实验：让各一半的被试者分别说服两个人献血给红十字会，这两个人实际上是由一个人扮演的，他在两组被试者面前扮演两个不同的角色：一个是教授，另一个是学生。此"两人"都答应献血了。但被试者认为那个学生答应献血是被他们说服的缘故（外归因），而那位教授却是主动献血的（内归因）。

这表明，低地位使内在归因的判断打了折扣，高地位则使外在归因的判断打了折扣。

非共同效果原则

假如我们知道一个人可以经几种不同途径追求个人的目标，而且知道他选择了其中一条途径，我们可以比较被他选上与没被他选上二者可能产生的后果，从而推断他如此行为或做此决定的原因。当然，两者的共同效果不会是行为的原因，而二者不共有的效果才是行为的原因。

例如，某人毕业分配时有两家单位要他，他选择了 A 单位而放弃了 B 单位，为什么？可以从 A、B 的共同点和非共同点找到解释。两家单位在同一地方，效益都不错，两处都没有熟人，这些不会是他选 A 弃 B 的原因。再看看二者的不同：一家是科研单位，另一家是生产企业，那么这可能是他选 A 弃 B 的原因了。

利害关系原则

当行为者的行为影响了观察者本身，这行为就与观察者有了利害关系，便会影响观察者对该行为的归因。心理学家的研究表明：当行为有害于或有利于观察者时，比不产生任何利害结果时，观察者更倾向于对行为做内在归因。

琼斯等人曾做过这样的实验：在真被试中安排一个假被试，这个假被试是小组中唯一的失败者。在一种情况下，假被试的失败导致全小组的人都得不到奖金；在另一种情况下，其失败只使自己得不到奖金而不影响其他人的所得。尽管假被试在两种情况下的工作成绩完全相同，但在第一种情况下，被试者给予假被试者以较多不好的评价，如认为他不可靠、能力差等。

生活中这种归因也很常见，一个人走路时踩了另一个人的脚，两人因此吵了起来，你可能过去劝阻：天黑，路窄，在所难免，小事一桩（外归因）；若那人踩的是你的脚，你可能会说上一声"怎么搞的""这么鲁莽"（内归因）。

共变原则

有人认为上述4条原则都是单线索归因原则（指在一次观察的情况下，人们进行行为归因的依据），而把共变原则看成多线索归因原则（在多次观察情况下的归因原则）。共变原则在凯利的归因理论中有比较清晰的阐述。凯利将行为线索分为3个方面：区别性、一致性、一贯性，再通过3类信息的不同排列组合推测行为的原因。

他所说的区别性是指行为者的行为是否因对象而异，若因对象而异，则区别性高，反之则低；一致性是指行为者的行为与他人相比是否特殊、是否与众不同，相同则一致性高，不同则一致性低；一贯性是指行为者的行为是否因时因地而异，若不随时、随地而异（总是如此或始终如此），则一贯性高，反之则低。

根据凯利的观点，导致行为的原因只可能是出于 3 个方面，因此与行为原因相联系的 3 种信息的组合也只可能是 3 种，其他形式的组合是没有意义的，不能说明行为的真实原因。这 3 种组合是：①一致性低，一贯性高，区别性低。即与众不同，总是如此，不因人而异，此时行为的原因在行为者本身。②一致性高，一贯性高，区别性高。即与众相同，总是如此，因人而异，此时行为的原因在行为者所指对象的身上。③一致性低，一贯性低，区别性高。即与众不同，偶尔如此，因人而异，此时行为的原因在行为发生时的环境上。

但是由于归因理论和归因原则都是对行为与原因的关系进行理性推断的结果，而归因过程是受多种因素影响的复杂过程，因此在实践中对人的行为进行归因时难免会导致归因偏差。归因偏差可以表现为归因者对不同行为者的行为归因的不一致，也可以表现为不同归因者对同一行为者的行为归因的不一致。它包括以下几个方面：

1. 认知性偏见导致的归因偏差

指由于认知方式上的偏见导致的归因偏差，常见于对性别、种族的偏见和心理倾向的不同所造成的归因偏差。如将男性完成某项任务归因于能力强，将女性完成这项任务归因于运气好；对合乎角色的行为易做出符合扩大律的归因，对不合乎角色的行为则做出符合折扣律的归因；对高成就者易做出意向性归因，对低成就者易做出情景性归因。

2. 动机性偏见导致的归因偏差

指由于自我保护的需要而导致的归因偏差，又称为防御性归因偏差。防御性归因是建立在维护自尊心的基础之上的，把成功归因于自己的能力和努力等内在因素，有助于增强人们的自信心，从而在心理上得到满足感；把失败归因于条件差、难度大等外在因素，有助于保护人们的自尊心，从而在心理上减少挫折感。由此可见，防御性归因很容易因自尊心的需要而产生偏差。

3. 行为理解差异导致的归因偏差

指交往主体和交往客体间对交往主体的行为理解上的差异所造成的归因偏差。由于交往主体词不达意和行为不准确，或交往客体理解上的偏差，会导致交往主、客体之间对交往主体行为目的的理解差异，进而造成交往客体对交往主体行为目的的归因偏差。如一个年轻女性路遇一个年轻男性时礼貌性地朝他报以微笑，而对方将这一反应性行为误认为是目的性行为，就会错误地认为女青年对其有好感。

4. 归因主体不同导致的归因偏差

在人际交往中，交往双方在对自己的或对方的行为进行归因时，由于归因主体的不同容易出现不同程度的偏差。表现为行为者自己归因往往突出环境作用，倾向于情境归因，而观察者对其归因往往强调行为者的素质作用，倾向于意向归因。究其原因，可能与双方视角的差异有关，行为者强调其行为是环境约束下的适应行为，故倾向于从外部找原因；观察者则把行为者作为注意的焦点，较少关注行为者所处的环境，故倾向于从内部找原因。如某青年因打群架被拘留，当向其问及为何这样做时，他强调朋友找他帮忙，他不得不去，而别人却认为他心理素质不稳定，意气用事。

因此，要想利用归因理论理解他人行为，就应该尽量避免归因偏差的影响。

第一印象的重要性

一个新闻系的毕业生正急于寻找工作。一天，他到某报社对总编说："你们需要一个编辑吗？"

"不需要！"

"那么记者呢？"

"不需要！"

"那么排字工人、校对呢？"

"不，我们现在什么空缺也没有了。"

"那么，你们一定需要这个东西。"说着他从公文包中拿出一块精致的小牌子，上面写着"额满，暂不雇用"。总编看了看牌子，微笑着点了点头，说："如果你愿意，可以到我们广告部工作。"

这个大学生通过自己制作的牌子，表现了自己的机智和乐观，给总编留下了良好的"第一印象"，引起对方极大的兴趣，从而为自己赢得了一份满意的工作。

当我们进入一个新环境，参加面试，或与某人第一次打交道的时候，我们常常会听到这样的忠告："要注意你给别人的第一印象！"

第一印象，又称为初次印象，指两个素不相识的陌生人第一次见面时所获得的印象。那么，第一印象真的有那么重要，以至于在今后很长时间内都会影响别人对你的看法吗？

心理学上有一个规律，在和比较陌生的人交往时，他给我们的早期印象往往比较深刻。有这样一个心理学实验证明了这个规律。

心理学家设计了两段文字，描写一个叫吉姆的男孩一天的活动。其中一段将吉姆描写成一个活泼外向的人：他与朋友一起上学，与熟人聊天，与刚认识不久的女孩打招呼等；而另一段则将他描写成一个内向的人。研究者让有的人先阅读描写吉姆外向的文字，再阅读描写他内向的文字；而让另一些人先阅读描写吉姆内向的文字，后阅读描写他外向的文字，然后请所有的人都来评价吉姆的性格特征。

结果，先阅读外向文字的人中，有78%的人评价吉姆热情外向，而先阅读内向文字的人，则只有18%的人认为吉姆热情外向。

由此可见，第一印象真的很重要！人们对你形成的某种第一印象，通常难以改变。而且，人们还会寻找更多的理由去支持这种印象。有的时候，尽管你表现的特征并不符合原先留给别人的印象，但人们在很长一段时间里仍然要坚持对你的最初评价。

第一印象通常包括谈吐、相貌、服饰、举止、神态，对于感知者来说都是新的信息，它对感官的刺激也比较强烈，有一种新鲜感，这就如同在一张白纸上，第一笔抹上的色彩总是十分清晰、深刻一样。随着后来接触的增加，各种基本相同的信息的刺激，也往往盖不住初次印象的鲜明性。所以第一次印象的客观重要性还是显而易见的，并在以后交往中起了"心理定式"作用。如果给人的第一印象是呆板、虚伪、不热情的，对方就可能不愿意继续了解你，尽管你尚有许多优点，也不会被人接受；而如果给人留下的印象是风趣、直率、热情，尽管你身上尚有一些缺点，但对方也会用自己最初捕捉的印象帮你掩饰短处。那么我们应该如何根据第一印象识人呢？

社会心理学家发现，人们对在公众场合总趋近衣着整洁、仪表大方的人，对衣着略优于自己的人会留下较好的第一印象。任何人在社交场合都不愿意同衣着邋遢的人坐在一起。约会时穿上一件入时的衣服，也会引起恋人格外的爱慕。衣冠不整，皮鞋带泥，领带歪斜，绝不会是一个出色的人才。另外，一个人有没有才气最容易从讲话中表现出来。有才气的人一张嘴，其准确的语义、严密的逻辑、丰富有趣的内容立即会吸引对方；相反，吐字模糊、夸夸其谈、内容平庸都对人产生不了吸引力。

我们既然了解了第一印象的重要性，那么应该怎样做才能给人留下良好的第一印象呢？以下 5 点我们必须牢记。

1. 显露自信和朝气蓬勃的精神面貌

自信是人们对自己的才干、能力、个人修养、文化水平、健康状况、相貌等的一种自我认同和自我肯定。一个人要是走路时步伐坚定，与人交谈时谈吐得体，说话时双目有神、目光正视对方、善于运用眼神交流，就会给人以自信、可靠、积极向上的感觉。

2. 微笑待人，不卑不亢

第一次见面，热情地握手、微笑、点头问好，都是人们把友好的情意传给对方的途径。在社会生活中，微笑已成为典型的人性特征，有助于人们之间的交往和友谊。但与别人第一次见面，笑要有度，不停地笑有失庄重；言行举止也要注意交际的场合，过度的亲昵举动，难免有轻浮油滑之嫌；尤其是对有一定社会地位的朋友，不应表露出巴结讨好的意思。趋炎附势的行为不仅会引起当事人的蔑视，连在场的其他人也会瞧不起你。

3. 仪表举止得体

脱俗的仪表、高雅的举止、和蔼可亲的表情等是个人品格修养的重要部分。在一个新环境里，别人对你还不完全了解，过分随便有可能引起误解，产生不良的第一印象。当然，仪表得体并不是非要用名牌服饰包装自己，更不是过分地修饰，因为这样反而会给人一种轻浮浅薄的印象。

4. 言行举止讲究文明礼貌

语言表达要简明扼要，不乱用词语；别人讲话时，要专心地听对方谈话，态度谦虚，不随便打断；在听的过程中，要善于通过身体语言和话语给对方以必要的反馈；不追问自己不必知道或别人不想回答的事情，以免给人留下恶劣印象。

5. 讲信用，守时间

现代社会，人们对时间越来越重视，往往把不守时和不守信用联系在一起。若你第一次与人见面就迟到，会造成难以弥补的过失，最好避免。

第三章

性别差异在人际交往中的体现

测试：你受异性欢迎吗

1. 你旅行时，最想去哪个地方？

北京→ 2

东京→ 3

巴黎→ 4

2. 你是否曾在观看感人的电影时泣不成声？

是→ 4

否→ 3

3. 如果你的男（女）朋友约会时迟到一个小时还未出现，你会：

再等 30 分钟→ 4

立刻离开→ 5

一直等待他（她）的出现→ 6

4. 你喜欢自己一个人去看电影吗？

是→ 5

不→ 6

5. 当他（她）在第一次约会时就要求吻你，你会：

拒绝→ 6

轻吻他（她）的额头→ 7

接受并吻他（她）→ 8

6. 你是个有幽默感的人吗？

我想是吧→ 7

大概不是→ 8

7. 你认为你是个称职的领导者吗？

是→ 9

不→ 10

8. 如果可以选择的话，你希望自己的性别是？

男性→ 9

女性→ 10

无所谓→ D 类型

9. 你曾经同时拥有一个以上的男（女）朋友吗？

是→ B 类型

不→ A 类型

10. 你认为你聪明吗？

是→ B 类型

不→ C 类型

完全解析

A 类型：你对异性有很大的吸引力！在异性的眼中，你有一种魅力。你不只有美丽的外形，而且有幽默和大方的个性。你应该是一个很有气质的人而且深谙与人相处之道，你很懂得支配你的时间，所以你在异性之间很受欢迎。

B 类型：你很容易便可以吸引异性。但是你并不容易陷入爱情的陷阱。你的幽默感使人们愿意与你相处，他（她）与你一起时非常快乐!

C 类型: 你并不能特别吸引异性, 但是你仍然有一些优点, 使异性喜欢跟你在一起。你应该是一个很真诚的人, 而且对事物有独特的眼光。在你的朋友眼中, 你是一个很友善的人。

D 类型: 你并不吸引异性。你并没有十分渊博的知识, 也没有什么特别的人格特质。对异性来说, 你显得过于平庸, 所以你并不受异性的欢迎。

性别差异是真实存在的, 无论现代社会中这方面得到了多少改善, 它都没能彻底消除, 也不可能彻底消除, 我们只有对它有正确的认识, 才能在人际交往中避免错误的想法与行为。这一点很重要, 因为毕竟世界是由男性与女性共同构成的。

性别认同与性别刻板印象

性别认同

成年人尤其是父母, 对于新生儿的性别都是十分敏感的。他们想知道, 也会尽快去告诉别人, 刚刚出生的是一个男孩还是女孩; 他们很快会为新生的孩子取一个男孩的名字, 或者是女孩的名字; 会根据新生孩子的性别, 来为他或她准备衣服、挑选玩具、布置房间, 等等。例如, 父母会为女孩准备色彩明丽鲜艳的衣服, 为她买娃娃之类的玩具; 而为男孩买汽车或变形金刚之类的玩具; 等等。因此, 孩子一降生, 就会由于其性别的不同，而受到父母或其周围亲人的不同对待。然而，作为新生的孩子，对于自己的性别却一无所知，他们要到两岁的时候，才会有一些对于自己性别的认识。但两岁的时候，也只是能够知道自己是一个男孩或女孩，仅此而已。根据皮亚杰的研究，年幼的儿童都是以自我为中心的，他们会根据自己的身体特征，以及自己的心理感受，来看待所有其他的人。根据后来凯利等人的研究，儿童到了 4～7 岁的时候，会获得一种相对稳定的性别认识。

关于儿童性别认同的过程及意义，在目前的社会心理学文献中，有着不同的理论和解释。

1. 精神分析的解释

精神分析的创立者弗洛伊德在 1933 年曾经提出，儿童对于性别的认同主要是由其对于自己同性父母的"自居作用"。所谓的自居作用，也即儿童通过想象，或通过模仿，将自己置身于其同性父母的地位，以他们而自居，模仿他们的行为，包括模仿父母的衣着打扮和言行举止等。在弗洛伊德看来，儿童的这种自居作用将会提供一种解决"恋母情结"或"恋父情结"的途径，在儿童的社会化过程中起着十分重要的作用。

2. 认知发展理论

认知发展理论是以皮亚杰的研究和其发生认识论为基础的，强调儿童性别认同中的认知因素和所起的作用，认为性别的认同主要来自儿童认知的发展。儿童在自己的成长过程中，逐渐认识到自己的性别特点和差异，从而进行自我归因，即主动把自己归于男性或女性。一旦当儿童将自己认同于男性或女性的时候，那么他或她也就接受了与其所选择的性别相一致的适当角色。因而，在特定的文化背景下，当儿童了解到作为男性或女性的意义的时候，会有意识地使自己的各种行为努力合乎相应的性别特征，因而也就出现了所谓的性别类型。

3. 社会学习理论

社会学习理论是以行为主义心理学为理论基础，在班杜拉的研究与推动下形成的。对于儿童的性别认同，社会学习理论认为，行为的强化起着决定性的作用。儿童性别认同的获得，主要是通过社会、家庭和学校的影响而实现的。具体来说，儿童是通过观察他们父母的行为，并学习与模仿其相同性别父母的行为，也即做出与自己相同性别父母的相符行为，从而获得性别的认同。同时，当儿童做出性别相符行为的时候，也会受到父母的鼓励、支持和赞许；而当其表现出与其性别不相符的行为时，就会遭到拒绝、纠正或指责。比如，若是一个女孩表现得温柔、安静，就受到成人的赞许，别人会称她为"乖女孩"；但是她若经常像男孩子一样喜欢打打闹闹，爬树和打篮球等，那么别人就会称她为"野姑娘"或"假小子"。

以上3种理论，是目前社会心理学中关于儿童性别认同的较为经典的理论。它们从不同的层面以及不同的理论角度，对儿童的性别认同进行了研究，提供了他们对有关问题的解释。

性别角色刻板印象

从心理学角度看，性别角色是社会赋予某一性别应具备的一整套心理行为模式。刻板印象又称为"定性观念"，是人们对不同事物进行概括以后形成的相对固定的看法，它有助于人们在认识某一新事物时，获得一个背景信息框架。个体随着认知能力的成熟，会依从社会上多数人的看法或社会固有的价值，将人、事、物和观念按照其共同特点进行分类，这种分类认识的功能中，性别的类别和框架是人们认识人和社会行为的一个重要方面。当人们以性别为框架，赋予男女以不同的特征框架时，性别角色的刻板印象就产生了。

由传统文化和社会性别分工导致的性别差异的刻板印象有 3 个特点：

（1）它对社会人群进行极为简单化的性别分类。

（2）在同一文化或同一群体中，性别角色刻板印象具有相当的一致性。

（3）性别角色刻板印象常常是与客观事实不相符的，因此，又叫作"性别偏见"。

在个体的成长过程中，性别角色刻板印象是影响个体社会化的重要因素，个体通过学习，对自己的性别应有的角色产生认同，形成条件反射，同化着社会所赞许的性别行为准则和规范。旧的、传统的社会性别分工和文化所形成的性别角色刻板印象，不利于社会新生一代形成正确的和平等的性别观念与行为，在今天的社会生活中，许多关于性别的常识和观念都是性别角色刻板印象的产物，例如，女性缺乏理性和逻辑分析能力、温柔是女性的天性等。许多研究表明，关于女性的性别角色刻板印象的普遍性和牢固性，是影响女性成就动机和潜能发挥的因素之一。

性别角色行为

社会心理学家指出，一旦我们发展了一套与性别相关的独特的特性，我们的行为就会遵循这些特性，这就是我们通常所说的性别角色行为。它是指我们抱有独特的信念，做出独特的设想，并且依照独特的期望来行动的过程。

性别角色定位对行为的影响

我们所处的社会在某种程度上，仍是比较传统的，仍要求典型的性别行为，即男性应该是强大的、有支配力的，并敢于自我表达，而女性应该是有同情心的、敏感的，并且有很强的情绪表现。这种关于行为的刻板印象甚至延伸到了身体姿势——男性坐着的时候双腿叉开，两臂远离胸前；而女性采取大腿交叠的坐姿，两臂护着胸前。

但随着社会心理学的进步，大量的研究表明：双性化的性别类型比通常的男性或女性性别类型更可取。

比如，与性别定型的个体相比，双性化的男性和女性更受喜爱、更富创造力、更乐观、更具适应性，能更好地适应各种情境的需要，应付压力时更灵活，能更好地减少别人的压力，较少患上饮食紊乱的毛病，对自己的人际关系感到很满意，大部分都对自己的生活感到很满意。

有的研究还表明，在一些文化当中，男子气和双性化同样有优势。美国一位社会心理学家检验了卡塔尔和科威特的阿拉伯学生关于做职业决定的自我效能，发现那些性别角色是男子气或双性化的个人比那些有女性或无显著性别角色的个人的自我效能高。

而在有些文化下，传统的男子气概似乎造成了人际关系方面的问题。比如，在青年男性中，拥有多个异性伴侣、与女性对立、使伴侣受孕等，是与有男子气联系在一起的。更令人惊奇的是这样一个事实：男子气（男性和女性）与死亡率有关——越有男子气，个体死亡的可能性越大（在任何年龄）。为什么呢？一种可能的解释是男子气是与冒险和其他削减平均寿命的不良行为联系在一起的。

同样，女性角色认同也有它自己的缺陷，那些女性特质很足的男性和女性的自尊心往往比男性化或双性化的个人的自尊心差。女性特质十足通常是与沮丧联系在一起的，特别是中年女性。这个原则似乎在很多文化中都通用。

除了以上所说的这种类型的男子气和女性特质之外，还有两种极端的性别角色认同，相应的，其性别角色行为也是相当具有危害性的。第一种是超男性化，它以认可一种与夸张化的传统男性角色相联系的态度模式和信念为特点。超男性化（或雄性的）的男性对女性表现出无情的性态度，认为暴力是象征男子气概的，同时享受着危险带来的兴奋。这类男人有性强迫行为，乐于性幻想，并承认如果能保证不被抓到，他们就愿意实施强奸。

对女性来说，类似的极端情况是超女性化。超女性化的女性认为与男性的关系占据其生活的中心地位，她们认为可以运用魅力和性得到一个男人并拥有他，同时承认有时会表现出欲迎还拒。这类女人往往会运用她们的女性魅力来达到她们的目的，她们不会以此为耻，反而会乐此不疲。

性别角色行为在家庭和工作中的表现

尽管在过去的几十年里，社会上的女性角色有了显著的变化，但是传统的性别角色仍对在家庭中的男性和女性的互相作用施加着极大的影响。例如，即使男、女双方都任职于要求高及薪酬优厚的工作，但家务劳动通常仍是按照性别划分的。总之，不管他们的性别角色认同怎样，女性比男性做家务劳动的时间都更多。

大学校园也是一个对性别角色行为形成影响极大的地方。主修了传统女性课程（比如护士或教育）的女性会比主修传统男性课程（比如数学或物理）的女性遭遇到更多的社会歧视。当女性意识到某个教授是个男性至上主义者，他会因性别而差别对待时，她们就会表现得差一些。

根据美国调查局最近的一份调查报告表明，大部分美国女性都有工作。在二战期间大量的女性进入了工作场所。美国政府试图为雇主就这一前所未有的新现象准备一个手册，从手册中的一句话就可发现在那个时候的男性世界中性别意味着什么意思：

记住……一个女工不是男性；在许多工作中她只是个替代品，就像用塑料代替了金属一样——她具有特殊的特征使她们有新的优势而有时更好使用。

然而，在工作场所中，性别和性别角色仍具有相当的重要性。比如，职业有男性化和女性化之分，在适于男性的工作中，成功被认为是取决于男性特征的（精力旺盛的、有竞争性的、精于数学的）；在适于女性的工作中，成功被认为是与女性特征（漂亮的、易于合作的、有直觉的）相关的。那些需要男性特征才能成功的职业是高风险和高收入的。比如下面这个例子：

美国参议院以男性为主；仅有的几位女性中大部分都这样描述了自己的性格：温和、合作、谦恭、有礼貌。而其他参议员以及这些女性成员在相互描述时大都将这几位女性成员描述成极为男性化的，是极具党派性、粗暴、好斗、坚强、残暴、脾气不好、冷酷以及竞争的。

据研究表明，在工作中，性别影响了期望和动机。尽管在学校里男性和女性在智力测验上表现得一样出色，并且女性在学业上还要更出色一些，但男性自己估计的 IQ 要比那些女性自己估计的要高；男性和女性都认为他们的父亲要比母亲聪明，祖父要比祖母聪明。男性会过高估计他们从事一项新任务时的表现，而女性则会低估她们所预期达到的表现。同样地，相对于女性来说，男性对职业上的成功有更高的期望，并更看重薪水。而且，在许多情境下，男性要比女性做得好，但当女性被提醒可以操作性别刻板印象时，她们就会以与刻板印象相反的方式行事。

不知为何，男性学会了比女性以更自我的方式评价自己，而且看起来这种自高自大得到了回报；女性则不大可能像男性那样对自己的成就大吹大擂。而这种差异的一个后果就是女性经常得不到与其工作相应的荣誉，即使她们的工作十分出色。

即使是在比较开明的学术界，当今的女性仍面临着许多的障碍。比如说，学生基于性别对老师的评价有所不同；学生们喜欢有魄力的、自信的、稳健的、坚定的男教授和活泼的、健谈的女教授。同男性相比，女性在薪金和晋升等方面都处于劣势。原因之一是女性更愿意相信她就应该拿这么低的薪水。就一个实验任务来说，女性（同男性相比）会提议自己少拿一点报酬。女性倾向于根据工作表现来估计报酬，而男性则根据自尊而不是自己的表现来要求报酬，这就暗示着女性不会要求高薪而男性却要求高薪。

性别心理差异

男女认知心理差异

据研究，8～9岁的男孩在看图计算、走迷宫等空间知觉能力方面，无论速度还是精确性，开始都比女孩表现出明显的优势。

感官方面，男女在触觉、嗅觉和痛觉的灵敏性方面不相上下，对声音的辨别、定位及颜色色调的知觉上女性优于男性，而男性视觉上则比女性灵敏。

记忆方面，女性机械记忆、短时记忆优于男性，而男性的理解记忆、长时记忆优于女性。

思维方面，男女发展总体平衡，但发展速度及水平随年龄阶段而不同：学龄前期，女孩思维发展略优于男孩，差异不显著；小学到初一阶段，差异逐渐明显；初二以后，男孩思维发展速度迅速赶上并超过女孩，差异日渐明显——男性擅长抽象思维，女性擅长形象思维。

在男孩和女孩大脑发展的后一个阶段，逻辑中枢或认知中枢开始发展。在这个发展阶段，数亿个神经结涌向大脑认知或思维部分。我们可以从一般男性和女性的习惯中发现这一发展。

女性情绪不佳时，首先想谈她的感觉，然后在继续谈的过程中，认知能力开始作用，于是她就会考虑她在说什么、想什么，并把这种感觉找出来。她从大脑感觉部分出发，到达交流部分，又到思维部分。这是她最自然的线路，因为她的技能就是以这一顺序发展的，渐渐地反复多次，她发展了同时感觉、谈论和思考的能力。

对男性来说，他处理感觉的过程是不同的，因为他的技能发展是另一种顺序。首先是他的感觉中枢启动，然后是他的行为中枢，最后是他的思维中枢。当情绪不佳时，他的第一个想法是对此做点什么，行为引导他更清楚地思考。渐渐地，他发展了同时感觉、行动和思考的技能。

由于男女在认知方面的心理不同，所以男性和女性的行为和沟通方式也不同。男性把进行交谈首先看作为达到某一目标或解决某一问题而表达他们思想的又一种工具。女性进行交谈也出于同样的目的，但她们还把交谈当成联结她们的感受以及阐明她们思想的一种方式。交谈对女性来说具有相当重要的意义。

同样，行动对男性来说更加重要。行动犹如一台水泵激发男性大脑中的思维部分。女性同样也靠行动来解决问题，然而对男性来说行动意味着更多的内容。行动是男性保持头脑清晰以及表达感觉的最重要的方式。

男女情感心理差异

在情感心理上，男女差异非常明显，归纳如下：女性情感丰富，男性情感受到许多理念的抑制而相对较少；女性比男性容易动情；女性情感易变，男性相对稳定；男性情感多停留在表面，易冲动，女性则容易深入体验；男性情感粗犷，女性情感细腻；爱一个人的时候，男性往往热情如火，女性则多温柔体贴；男性感情刚劲，女性感情脆弱；男性对愤怒、惊恐感受强烈，女性则对悲伤、忧愁体会更深刻；女性容易比男性焦虑；女性的感情主观色彩较重，男性则较为理性、客观；某种情感在女性之间会迅速传播，在男性之间则非常迟缓；女性个人情感具有弥漫性，男性情感较集中；男性心胸较开阔，情绪问题少，女性心胸则较狭窄，情绪问题多；女性言行感情色彩重，男性言行感情色彩轻；女性比男性更容易表现出嫉妒、羞怯、惭愧等复合情感，却难以自拔与超脱。

在情感表达方式上，男女也有明显差异。女性的情感表达常表现出委婉、含蓄、含糊、暧昧等特点，尤其是女孩，偏好于掩饰自己的真实情感。比如让她们对人或事给出一个"好"或"坏"的评价时，往往得不到其明确答复——遇到非常喜欢的，不说喜欢；对自己讨厌的，也不说讨厌。其实这样可以留给自己很大的选择余地。当被男性追求时，女性会表现的谨慎矜持，这样可以增加自己的神秘感和吸引力，让男性更大胆、热烈地追求自己并考验他的真心。其实，女性有时候自己摸不透自己，也不知道自己到底是什么样的人，常常没有明确的目的与目标，而凭感觉来生活。这是女性情感表达含蓄的另一个原因。而男性在情感表达上喜欢直截了当，不喜欢兜圈子，对人或事的"好""坏"，他们不掩饰自己的真实情感，会做出明确的决断，好就是好，坏就是坏，不会含糊其词。

由于男女在情感心理上存在着明显的差异，所以他们在处理情感问题上也明显不同。

男性将他的感觉付诸行动后，就可以梳理这些感觉。体育运动之类的简单而有目的的活动可以使他更充分地激发大脑中的思维部分，并更有效地处理情感问题。美国著名的心理学博士约翰·格雷，在他的著作《火星人和金星人相伴到永远》中描写了这样一个故事：

我的一位男性挚友得到了他女儿患癌症的可怕的消息。在他打电话告诉我之前，我已从妻子那儿知道了这件事。电话中我们互致一般问候之后，他说，他有个坏消息，接着就不说话了。

"我已从邦妮那里听说了。"我说，为的是不让他再重复一遍那个坏消息。

又停了一会儿，他问我是否有时间去打网球。我说可以，于是我们约好几分钟后在附近一家网球场见面。

打球过程中，我和朋友交换场地或者走到网边捡球时，我们会说上几句话，然后接着打，再接着谈。对他来说，打网球这项他擅长并喜爱的活动为他提供了表达自己一切感受的机会。他以交谈的方式归纳他的想法，然后接受我的反应和理解。但是他联系感觉的最初方式是打网球。

他把注意力和精力集中在不让球出场上，因此就可以触及并表达他因无法治好女儿的癌症而产生的失败感。当他把球打出端线或边线时，他就会联想到因自己不是一个完美的父亲而感到的痛苦，反思他可能犯过的错误；如果打了一个界内球，他就会联想到去做正确的事，做一个好爸爸。通过希望赢我而取胜，他会燃起战胜癌症、挽救他女儿的热切的希望之火。

打完球后，我们坐在球场边的长凳上，一起探讨以不同方式支持他女儿经受住即将来临的严峻考验。在谈话中，他会不自觉地联想到，有时还会表达出他对将失去女儿的忧虑及对女儿的深深爱意。

幸运的是，这个故事有一个可喜的结局。我朋友的孩子治疗得很不错，现在已经好了。

可见男性可以通过体育运动来解决自己的情感问题，而女性则偏重于述说。有一位华裔中年女性讲述了这样一个故事：

我们的第二个孩子在六岁时得了一种奇怪的病，尽管多处求医仍不见好转，医生说这种病目前是无法治疗的。看见孩子小小的身体每天都插满了管子，作为父母的我们难过极了，决定带孩子回家度过他最后的时光。经过几位道德专家的评论，终于同意了我们的要求。

可是，回家后不久，孩子便去世了。刚开始我们俩都非常难过，后来我通过不断地向朋友述说，渐渐的，难过程度减轻了。可我的爱人却一直把这种情感压抑在心里，从不对别人提起。许多年过去了，我几乎已不再为这件事难过了，但是他一提起此事，仍伤心不已。

男女行为心理差异

在儿童行为中，男女行为心理的差异非常明显。一项研究以一种非常戏剧性的方式显示出了这种不同。实验中，一位母亲被叫进一个房间，而她蹒跚学步的孩子早就待在那里了。房间中母亲和孩子隔着一道玻璃墙。实验人员指示她不做任何表情地走到玻璃墙前。实验结果清楚地表明男孩和女孩的反应是不同的。

如果是男孩，他会看到妈妈，并对妈妈没有抱他而不高兴，接着开始朝她爬去。到了玻璃墙那儿，他会试图推倒它或者爬过去。最后他妈妈从墙那边把他抱起来。要是女孩，她会看到妈妈，而且也会像男孩那样，为妈妈没有抱她而不高兴，但她不会像男孩那样朝妈妈爬去并试图爬过玻璃墙。她用眼睛瞪着妈妈，然后大哭。男孩以行动表达感觉，而女孩则以言语表达感觉。

男女在行为心理上的差异，引发了他们在人际交往、生活习惯、不信任行为等方面的差异。

1. 人际交往差异

现如今，女性往往有较多的朋友，尤其是与同性朋友之间能长久保持较亲密的联系；而男性则较少有长期亲密联系的朋友。他们除了握手之外，似乎不再需要任何进一步的接触。对此，心理学家认为，小女孩可以手拉手一起上学，受了委屈互相安慰，养成了亲密接触的习惯；小男孩从小就被教导要坚强、独立、自己的事情自己做。他们不敢像女孩那样做，否则可能会被别人说没出息。这种观念根深蒂固，以致影响其一生的交友态度。

2. 生活习惯差异

男女生活习惯不同，尤其是各有不同的坏习惯。调查显示，人们的不良生活习惯占首位的是男性不爱吃水果，女性则是不爱运动。这些生活中的坏习惯是人类健康的大敌，但其养成非一朝一夕，改变起来不容易。

3. 不信任行为

女性疑心通常比男性重，尤其表现在对配偶的信任问题上，妻子经常怀疑和害怕丈夫有外遇。心理学家认为，这是因为在她们心目中男人天生"坏"，从不把自己作为丈夫与父亲当一回事儿，总想逃避家庭的责任，一想到把终生托付给"坏"男人时，她们就会不寒而栗、倍加防范。

男女受暗示时的心理差异

女性比男性更容易受暗示性行为的影响。

男性通常喜欢按照自己的意愿行事，行为目的性明确，独立性较强。男性不愿由别人的言行来左右自己的决断，对别人的意见、建议或暗示性行为不容易盲目接受。他们一般先理性地思考别人的意见或建议是否正确，然后再做取舍。正因如此，男性有时候显得很固执、武断，易出现重大失误。

女性从众心理强，很容易被别人的言行"感染"，从而不加分析地接受别人的观点和行为，或者因别人的影响而轻易改变自己的决定。例如，女孩看见某个人在理发店做了一个漂亮的发型，就会纷纷跑到那里做个同样的发型；妈妈们看见别人的孩子穿上名牌衣服挺精神，自己也会买来装扮孩子；女孩都希望有个好身材，看见女舞蹈演员"修炼"的小身段那么婀娜，也会纷纷效仿，积极投身健美运动；女性还特别喜欢玩心理测试游戏，乐于接受种种暗示。这可能是因为女性对未来总有一种不安全感，缺乏男人那样的判断力，于是就求助于这种游戏。

改变女性负向的自我感观

男女之间一直并且普遍存在的一个差异就是感知和评价自己外表的方式。从青少年开始，女性就比男性更关注其身体形象。

如果自己的外貌、身高、体型等方面不如别人，女性就很容易产生自卑的想法，而男性却很少会这样。那么，应该怎样做才能改变女性这种负向的自我感观呢？主要有以下几个方面：

对外表的意义有个现实的了解

"现实点"说起来容易，做起来难。然而正如"看一本书的好坏不能只看封面"一样，这个世界上最具魅力的那些人与其余的人在智力、创造力、性格以及其他任何方面都无不同——除了他们是因外表而受到大家的喜爱这一事实。想一下你所认识的那些阴险、虚伪、可恶的人。如果他或她突然拥有了一副极有吸引力的脸或身材，你能认为他或她变得更能令人接受吗？如果你第一次遇上一个有魅力的人，切记外表不会提供你有关此人的任何信息。

自问你的体重对别人有多重要

现代有许多女性经常为体重所困扰。而实际上，大多数人是不会注意你重了几斤还是轻了几斤，并且无论男性还是女性，都很少有人会真正关心你到底有多重。你完全没有必要那样过分地关心自己的体重，它不会影响到你的生活和交往，你也不必因为自己有点儿胖就感到自卑。

男人不会察觉到女性外表的每一个细节

美国的一位幽默作家说得好："你煞费心思的打扮，有 97% 是男人通常注意不到的。拿手指甲为例，女性每年花费 5 000 个小时为其手指甲操心。40 多年来，我从未听过一个男人这样谈论女人：她的手指甲很美。许多男人甚至不会注意到有女人长了 4 只手。"在某种程度上，一些男人认为对女人来说外貌是唯一有意义的特征，其他方面他们则不是很在意。因此，女性应该确信男人不会察觉到自己外表的每一个细节，应该时刻对自己抱有信心。有信心才会使你同异性的交往顺利进行。

选择一个进行社会比较的适宜的群体

当你一页页地翻看杂志上骨瘦如柴的模特和电影明星时，你可能很容易认为因为你不符合这些不现实的标准，因此你不够美；相反，大多数男性不会因为比 NBA 明星的平均身高矮，不如影视明星英俊而感到沮丧。从定义上来讲，在这些特征上我们大多数人处在总体的前 1/10 以下。不要拿你自己去和模特、电影明星或体育明星相比，要在你周围找到更现实的对照对象。否则，你就会花费许多不快乐的时间去思考达不到的目标。

利用"异性效应"建立良好的两性关系

心理学上有一个定律叫作"异性定律"，说的是人和人之间"同性相斥，异性相吸"的现象，以及这种现象对人际交往产生的微妙影响。

我们都知道，人们一般对异性更加感兴趣，特别是对外表漂亮、言谈得体的异性，最容易产生好感。

在日常生活中，我们可以看到男营业员接待女顾客，要比接待男顾客热情些。一般人们对异性的评价，也总是比同性高些。这些都是异性对我们的吸引力比较大的缘故。

在人类社会中，同性相斥、异性相吸的心理是普遍存在的。

例如在一男一女的社交场合中，男性常常想表现出举止潇洒、气度不凡、才华横溢、谈吐幽雅、妙语连珠，这样很容易得到女性的好感。当然，男性在这种社交场合中，想取悦对方常常不是本意，而是一种潜在的心理意识。所以，当男人与女人单独交往时，沉默寡言的男性会表现得谈吐自如、滔滔不绝，胆小懦弱的男性会变得勇猛异常，粗俗野蛮的男性会变得儒雅温存。在这种场合中，女性常常想表现出自己的美丽脱俗、温存柔弱、贤淑大方，想给对方一个好印象，让他从内心深处产生一种愿意为自己效劳，甚至将给自己帮助视为一种荣幸的想法。因此无论平时多不修边幅的女性，当意识到自己将要与一个男性打交道时，常常会有意无意地打扮一下。大多数女性在见面前还要照照镜子，若看到自己服饰得体、楚楚动人、很有魅力，便会信心倍增。所以一般来说，这种交往会使事情办得顺利一些。这种异性之间在交往中表现出的超出正常的热情，可以促进事情成功的效应，是异性效应中的正效应。

这种异性正效应，在青年男女身上表现得更为强烈。这是因为青年人随着身心发育的成熟，正处于对异性的亲近、爱慕和追求期，常常会不由自主地将注意力移到异性方面。他们在情感上渴望与异性交流，以发现自我、完善自我和理解别人，从而体验到深深的情感依恋，渴望得到异性的肯定以增加自信心。

两女或两男之间的交往均不如一男一女的交往来得顺当。在两位女性的交往中，如果其中的一位女性长得很漂亮，并很性感，而另一个却长得很一般，那么长得一般的女性便会对长得漂亮的女性产生一种嫉妒心理。如果那位长得一般的女性生活很不幸，尤其是被男人遗弃或丈夫有了外遇，那么这种嫉妒心将会更重。在这种交往中，良好的社交心理氛围很难形成。在两位男性的交往中，嫉妒表现一般不像女性那么直接和迅速，因为男性怕别人说自己心胸狭窄，不像个男子汉，怕别人瞧不起自己。所以，常常是拐弯抹角地给对方设障，而且尽可能表面上做得好看。

一对男女与一女或一男的交往形式常常是交际中最难顺利的。如果那对男女是恋人、情人或是夫妻，那么将会使处境更糟。

在女性的内心深处常常有一种希望，即希望世上所有男人都对自己好，都为自己的姿色和贤淑所迷恋。但这是不可能的，对此大多数女性都能理智地认识到，可是就像希望与现实不是一回事一样，意识与潜意识也不是一回事，所以这种想孤芳于世的心理常常从人的心底浮了上来，摆脱理性的压抑，左右人的行为。女性在同一对男女交往中，她同男性的那种异性效应将会为同性效应所冲淡，甚至使同性效应扩大。若那位男性属于那种对女性很有吸引力的，那么这种同性负效应将更大。若那位女性长得不漂亮、不性感，不如自己，她会嫉妒这么一位长得平平常常的女性竟找到了这么好的男人；若那位女性比自己漂亮，她同样会嫉妒，嫉妒会转向那位女性的美貌。这嫉妒不仅会作用在那位女性身上，还会波及那位男性。

在男性的潜意识中，愿世上只有自己是男性，世上所有的女性都钟情于自己。所以，男性听说某位女性，尤其是漂亮的女性有了男朋友或结了婚，常常会莫名其妙地产生一种失落感。在男性的社交中，如对方是一对情侣，那么他对那位女性的热情和帮助将会锐减，他会自觉不自觉地让那位男性难堪。而那位男性在情侣面前要极力维护自己的尊严和在情侣心目中的地位，这时两位男性很容易发生冲突。因此，对于一对情侣或异性朋友来说，在某些社交场合最好分开。若对方是位女性，那么让男性与之打交道；若对方是位男性，那么最好还是让女性出面，这样就可以避开社交中的异性负效应。

在一男与多女、一女与多男的交往中，也存在这种负效应。有趣的是在一男与多女的交往中，女性嫉妒的是能较多接触男性的女性，嫉妒她的漂亮和吸引力，会把妒火发泄在她的身上。所以，漂亮的女性往往是幸运和不幸同时存在。而在一女与多男的交往中，男性虽然嫉妒与女性接触过多或让女性敬慕的男性，可火常常发在女性身上。因为他感到那位女性忽视了他的存在，没把他放在眼里，损伤了他的自尊心，因此他恨那位女性，不过他们的嫉妒受到理性控制，不会像女性那样充分地表现出来罢了。

交往中的异性效应常常不像上面所说的那样直露，甚至有时会恰恰相反。如一个男人在择偶中屡受挫折，他可能对女性有种憎恨的心，所以在他与异性交往中便不会产生异性效应的正效应，甚至还会产生负效应。又如一位女性受过男性的欺骗，她也会憎恨所有的男人，而且对越有风度、越有才能的男人，这种负效应就越大。但是，总而言之，交往中异性效应是比较普遍存在的。在日常交往中，只有合理地运用异性正效应，并设法避开异性负效应，才能建立起良好的两性关系。

第四章

偏见影响
人际交往

测试：你能和朋友融洽相处吗

假定一个深秋落叶飘飘的情景，你独自漫步在一条无人的街道上，街道两边耸立着高大的树木，那些被秋风扫落的树叶布满你的脚下，你会觉得这是哪种树叶呢？

A. 梧桐的掌形叶　　　　B. 向日葵的卵形叶

C. 银杏的扇形叶　　　　D. 乌桕的菱形叶

E. 马尾松的针形叶

完全解析

选择 A：你对自己有着深刻的认识，所以你可以很好地把握自己和他人。

选择 B：你对自己有全面但不深刻的认识。

选择 C：你是一个对他人严格却对自己很宽松的人。

选择 D：你是一个对事模棱两可的人。

选择 E：你说话做事很冲动，有时会让人感觉是个刺头。

偏见是一种畸形的人际交往观，它的形成不利于人际交往的正常进行。我们只有对它进行充分的认识，以及掌握应对的技巧，才能将它的消极作用控制在最小范围内。偏见的形成是一个长期的过程，因此要想彻底消除它，也就变得异常艰难，但只要我们有耐心，并掌握一定的方法还是可以做到的。

偏见的认知来源：刻板印象

一提起女性、同性恋等名词，你会有什么感想呢？对大多数人来说，遇到贴有这类标签的人的描述就足以唤起丰富的印象、记忆网络，甚至有可能预测贴有这种标签的人在假定情境中将如何行事。这种联系的存在表明我们全都可受到偏见的影响。

但是偏见源于何处呢？

一些社会心理学家认为，偏见的认知来源是刻板印象。

人们在认识事物时，往往根据其共同特征加以分类，这是人类思维发达的表现，但如果把这种分类固定化，就成了刻板化。刻板化是把同一个特征归属于团体的每一个人，而不管团体成员实际的差异。

例如，法国人浪漫，所有法国人都浪漫；非洲人天生跑得快，我们就认为所有非洲人都跑得快。

刻板化并不一定是一种恶意的行为，它常常只是我们对世界看法的一种简化，而且我们每个人都或多或少有偏见。对待每个个体也用共性去完全替代，这样，就会导致偏见，但对象是人时，就会导致刻板印象，产生偏见。

偏见的其他根源

偏见除了来源于认知，它还受环境的影响。偏见不是与生俱来的，它是人们在社会活动及交往中习得的，一般有以下三种形成途径：

社会群体间的利害冲突

冲突理论对偏见产生的原因做出了解释。这一理论认为偏见起源于各个社会群体间为了争夺稀有的、富有价值的资源而展开的直接竞争。社会上的资源是有限的，如好的工作、漂亮房子、高社会地位、好学校都是稀有资源，为了争夺这些有价值的资源，各社会群体之间展开各种竞争，他们在对自己所属群体产生认同时，还逐渐对其他群体产生了否定和贬低，把其他群体的人称为"敌人"。

有一些研究证明了群体间竞争是怎样导致偏见的产生的，其中一个著名的研究是由谢里夫及其同事进行的实验。实验动态地展示并证实了群体间持续的竞争造成了直接的冲突，甚至是暴力侵犯，并导致偏见的产生。

实验对象是来自不同地区的、中产阶级白人家庭的 11 岁男孩，让他们参加一个暑期夏令营活动。到营地后，随即把他们分为两组。第一个星期，分组进行一系列活动，如一起吃饭、游泳、玩垒球、做绳梯。结果，经过这一阶段的活动和交往，人群分别从原来的聚合状态转变成了群体。每个小组都发展起了自己不成文的规则、非正式的领导者，以及其他一些一个组织化群体所具有的特点。甚至两个群体分别自发地为自己的群体起了名字，一个叫"响尾蛇"，另一个叫"雄鹰"，还有了队旗。实验第一阶段结束时，群体每个成员的角色已发生明显分化，并稳定下来。

第二个阶段的实验是安排两个群体相遇，彼此之间开展一系列竞争性比赛，如橄榄球、垒球项目，胜方将获得奖杯，其成员能获得奖品。因为这些奖品是孩子们非常喜欢的，因此，这个阶段充满激烈的竞争。竞争的结果是出现了明晰的"我们情感"，"我们"和"他们"的意识发生了明显分化，两个小组间的关系变得紧张。起先还仅限于言语谩骂，后来愈演愈烈。例如雄鹰组放火烧毁了响尾蛇组的旗帜。第二天，响尾蛇组攻击了雄鹰组的小木屋，掀翻了床，撕毁了蚊帐，抢夺个人财物。这些行动一直持续着，直到研究者出面干预以防更严重的事件发生。同时，两组成员间互相充满敌意，对对方持否定评价。第二阶段实验结束时让孩子们在两个群体中择友，结果两个群体的成员选择本组成员作为朋友的比例分别高达93%。

幸运的是，事件有了一个好的结尾。在实验的最后阶段，谢里夫及其同事努力探索如何减轻或消除群体间的冲突。安排两个小组被试一起进行一系列共同活动，如一起用餐、看电影短片、做游戏，但并未有效减轻双方的敌意。有一次两个群体在吃饭时发生了直接冲突。后来，进一步安排和提供两个群体必须一起协同活动的机会，并且让大家意识到只有共同活动才能得到利益，如一起修野营基地的蓄水池（实验者故意弄坏的），否则大家都会缺水；一起将陷入泥浆的卡车拖出泥潭等一系列共同活动。结果，两个群体的敌对情绪明显减缓。野营生活结束时，再次进行择友测验，结果两个群体的成员选择对方成员作为朋友的比例达到1/3左右。

社会学习

偏见的第二种根源是社会学习，偏见是一种特殊的态度，与态度一样是通过社会化过程而形成的。

（1）观察学习。儿童对某些社会群体具有否定的态度，是因为他们听到和看到父母、朋友、老师以及其他人对这些群体表达出否定的态度和歧视行为，或者是议论某一群体或成员，于是孩子也逐渐认同了这种看法和行为，学会了父母对他人的偏见。

（2）社会群体规范。除了观察学习外，社会规范的影响非常重要，这种群体内的规范会提示你采取什么样的态度和行动是恰当的、正确的。大多数人都会选择他们所属群体的规范来行动，"如果我们群体中的人都不喜欢他们，那我也应当这样做"。

（3）直接经验。与其他群体成员的直接经验也会形成偏见。当儿童与其他群体成员接触时，儿童周围的人会以赏罚来强化其态度，例如，父母不允许孩子同下层人家的孩子玩，当儿童试图或实际与下层人家的孩子交往时，父母会说"他们都是没有教养的野孩子"，并且会责骂或惩罚孩子，于是孩子也会逐渐形成对下层孩子的偏见。

偏见的这种习得方式最常见的就是种族歧视。小孩出生后不会知道种族之间有什么区别的。这种偏见便是通过社会学习得来的。

社会分类

人们总是把世界分为不同的两种类别，即我们和他们，这就是社会分类。简言之，人们把他人要么看成自己人（群体内），要么就视为外人（群体外）。这种区分在许多方面都存在，如种族、宗教、性别、年龄、职业、收入，等等。这种倾向使我们戴着有色眼镜来看待不同社会群体，但它是怎样导致偏见的呢？泰菲尔和他的同事们用社会认同理论来做出说明和解释。社会认同理论揭示，个体通过对特定社会群体的认同来增强他们的自尊，然而只有在他们认识到这些群体优于其他群体时，这一策略才能成功。因为所有的个体都表现出相同的倾向，因此，最终的结果必然是：每一群体都极力认为自己不同于其他群体，还优于其竞争对手，偏见就是这样产生的。

有偏见的人：人际交往中的受孤立者

偏见可以说是人际交往的死敌，它一点一点地腐蚀我们的独立判断能力，在我们人际交往的旅程中设置了一道沉重的枷锁。

持有偏见的人大多目光短浅或心胸狭窄，他们好猜疑、嫉妒他人，他们即使对朋友也不能吐露真心，因此有偏见的人是找不到知己的。由于偏见往往通过人的行为表露出来，因此拥有偏见的人说话、做事就很容易偏激，和别人的想法不一致。这样的人在人际交往中常常是受孤立的，因为人们觉得他们的行为很古怪，想法很难猜。而他们自己却往往不自觉，不知道自己已经是偏见的受害者了。如果是这样的话，下面的一些办法可以使你察觉到你是否持有偏见，如果是的话能帮你及时加以改正。

如果截然相反的意见会使你大动肝火，这就表明，你的理智已失去了控制。这一点无须多说，你会下意识地觉察到的。假如有人坚持认为2+2=5，或者冰岛在赤道上，你根本不会发怒，只是对他的无知感到惋惜。只有那些双方都没有令人信服的证据的事情，争论才会最激烈。因此，无论何时都要注意，别听到不同的观点就怒不可遏。通过细心观察，你会发觉你的观点不一定都与事实相符。

　　了解与你处在不同社会范畴的人们的观点是克服偏见的妙法。假如你不能外出旅行，你就竭力寻找与你持不同意见的人相处。如果你觉得这些人似乎缺乏理智、蛮横无理、令人厌恶的话，你就要提醒自己：在他们的眼中，你或许也是如此。从这一点上讲，或许两方面都是对的，但不可能两方面都是错的。

　　如果你的想象力很丰富，那你不妨假设一下自己与持不同观点的人进行辩论。这种方法不受时间和空间的任何限制。例如，马哈德曼·甘地痛恨铁路、汽船及机械，如有可能，大有要毁灭整个工业革命全部成果之势。也许，你根本不可能有机会真正同这种人辩论，但你可以设想一下，假如与甘地争论的话，他会如何驳斥你的观点呢？在这种假想的辩论中，有时你会发现，对手的观点比你自己的正确，于是，你会改变原来的武断看法。

　　还要谨防过于自尊。不论男女，十有八九都深信自己比异性优越。双方都有充分的根据。男性会说，大部分诗人、科学家等名人都是男的；女性会反驳，犯罪的也是男的多。事实上，是男性优越，还是女性优越的问题现在还难以定论。不过大部分人在这一问题上是自尊心在作怪。又如无论生长在何处的人，都会据理力争，说本国比他国好。鉴于各国都有其自身的优缺点，我们要调整一下判断的标准以便于说明自己国家所具备的优点是否至关重要，而相比较而言，缺点是否微不足道。另外，判断这一问题并无绝对标准。人类本身还有一种过分的自尊。排除人类这种夜郎自大的心理状态的唯一办法是提醒自己：地球只是宇宙天体中的一颗不足为奇的小星星，而人类在地球的沧桑变幻过程中只是一部瞬息即逝的小插曲而已。

总之，要想顺利地进行人际交往，就应该尽力摒弃自己的偏见，学会同各种类型的人和谐相处。

应对偏见消极影响的技巧

偏见注定会影响我们和他人的相互作用吗？我们有减少它们的方法吗？社会心理学家设计了减少社会与生活中少数群体的偏见和歧视的几种方式。其中最重要的有以下几种。

创造多数群体和少数群体间沟通的机会

有关减少偏见的策略没有比让有偏见的人与偏见的对象之间的沟通更可能带来友好的态度，这一设想，受到了更多的关注。例如，美国的学校取消种族隔离的一项基本原理就是，学校里的接触会导致偏见的减少。

但事实证明，不仅是接触在起作用。例如，美国的学校里取消种族隔离还未能证明就一定会减少偏见。实际上，当情绪变得高涨时，就像是法庭上宣读消除种族隔离的安全中的事例一样，偏见事实上可能在增长。

根据接触假说，对立群体成员间的直接沟通只是在某些条件下才会减少偏见。数十年的研究已经证实"某些条件"包括的内容有：相对平等身份的人之间的接触，一个人与另一个人合作，一个人依赖另一个人。

运用锯曲线技术

锯曲线技术是增加群体内互动的课堂程序：给人们少量的信息，然后要求他们把这些信息告知同一群体的一组合伙者。基本方法如同取一些小片的东西把它们拼到一起来构成一件拼装玩具，参加锯曲线技术课的学生被提供一小部分信息，然后就要求他们把这些资料教给群体内另一组伙伴。当所有学生的信息聚集到一起，就构成了一个有意义的整体，能使该群体全面理解该课程。几项研究都表明锯曲线技术不仅会带来有效率的学习，而且会提高自尊、个人魅力以及对不同人种和种族群体成员的同理心。

人道主义评价

在一些实验研究中，人们被迫面对这样一个事实，他们对于平等和自由所持的积极评价与他们对少数群体成员的消极知觉不一致。当这种不一致被指出来时，偏见就减少了。同样的，当人们无意中听到他人强烈地谴责种族歧视，他们就更易于强烈地声明他们自己反对偏见。很明显，公众标准或规范反对种族歧视越突显，在公众谴责的情境之中，就越能减少歧视的出现。

消除刻板印象

刻板印象是偏见的认知成分。一般人对某些群体的成员常存有一定的刻板印象。如果想消除偏见，那么就一定得先消除刻板印象。人们对处在社会关系各位置的人都抱有共同的角色期望，预期他会有什么样的行为。如果被歧视者总是从事一些简单、低下的工作，则对其工作角色的期望正符合歧视者对被歧视者的刻板印象，并且会进一步加深巩固。相反，如果被歧视者从事一些社会地位较高的工作，如教授、医生、工程师等，那么对此等职位的角色期望就会与对被歧视者的刻板印象相矛盾，如果这种现象经常出现并越来越多，久而久之，以刻板印象为基础的偏见态度就会逐渐得到改善。

共同的命运与合作性奖励

从前面我们所讲到的谢里夫关于暑期夏令营的研究中可以看到，竞争可以引发两个群体的相互敌视。接着前面的实验，谢里夫故意把营区的给水系统加以破坏，使两个敌对群体都面临相同的命运，这个危机唯有依靠两群体全部成员的共同合作才能解决。结果证明，共同的命运与合作性的奖励是消除群体敌对态度的重要因素。如有两个人被迫进入同一情境中，两人都期望相同的目标，而此目标的获得只有依靠两个人的合作时，则这两个人的行为彼此依赖并面临共同的命运。研究也发现，相互依赖的行为及面临共同的命运可以增加相互的好感。

平等地位的交往

当彼此交往的人不平等时，相互之间的反应大多是肤浅的、形式化的。因此不但不能深入了解对方的特性，而且容易根据对方的外在表现做一些刻板的判断，而对社会地位低下者的判断基本上都是不好的。另外，地位不平等的接触，还会使双方的差异更为显著。因此，使人们以平等的地位相互接触是降低偏见的重要条件。

熟悉对方的独特性

我们在生活中要接触各种各样的人，但对其中的许多人我们是不熟悉的，对他们的认识也是肤浅的。假如我们能够详细地了解所接触的对象，知道他们的能力、性格、抱负、爱好等，将有助于减少偏见的产生。

警惕交往中不利的"晕轮效应"

人们对人和事物的某部分所产生的好感或恶感，容易扩大到他（或它）的整体，也就是说，人容易犯以点带面、以偏概全的错误。这在社会心理学中叫作"晕轮效应"，又称"光环效应"，即指在人际相互作用过程中形成的一种夸大了的社会现象，正如日月的光辉，在云雾作用下扩大到四周，形成一种光环作用。常表现在一个人对另一个人（或事物）的某一方面的印象决定了他的总体看法，而看不准对方的真实品质，形成一种好的或坏的"成见"。所以晕轮效应也可称为"以点概面效应"。如果是由某一方面的印象而形成了对他人的坏的"成见"，那么，就是我们通常所说的偏见。

为什么会发生这种现象呢？

心理学认为这是由于感知者的情感引起的对人的一种主观倾向：由于我们在感知他人时有一种情感效应，我们对他人的评价就容易出现偏差，这一偏差表现为当某人或某物被我们赋予了一个肯定的、令我们喜欢的特征之后，那么这个人就可能被我们赋予许多其他好的特征；反之，如果某人或某物存在某些不良的特征，那么就会被认为他的一切都是坏的。例如我们都听说过的这个故事：

古时候，在乡下有一个人，他在自家的地窖干活时，将一把斧头忘在了地窖里。几天以后，他又要用斧头时，才发现已经丢失了。放在自己家的斧头到哪里去了呢？他在自己家的门后面、桌子下面、堆柴草的房里到处找，还是没有找到，他有点儿怀疑是他邻居家的儿子偷去了。但是他没有证据，于是，他就开始仔细地观察邻居家儿子的一举一动。

他越观察越觉得邻居的儿子像是偷了斧子。因为他觉得邻居的儿子走路的样子鬼鬼祟祟的，像个小偷，不仅如此，连他的神态、动作、表情也像，甚至他说话时的声调也像是偷了他家的斧头。总之，几乎可以肯定，就是他偷了自己的斧头！又过了几天，当他下到地窖里的时候，发现自家那把好多天不见的斧头正躺在那里。

到了第二天，这个人再去看邻居家的儿子，发现他的一举一动、一言一行，就连笑的神态，都坦坦荡荡，非常自然，一点儿也不像是偷斧头的样子了。

这个人的想法非常可笑：在怀疑邻居的儿子偷了他家斧头时，就对他的所有举动都怀疑，觉得他就是小偷；当发现对方不是小偷的时候，又觉得对方怎么看都像个好人了。这是一种典型的对人印象的扩大化效应，也就是晕轮效应。

心理学研究证明，一个人对他人的偏见，常会得到自动的"证实"。比如，你对某人存怀疑之心，时间一长，自然会为人所察觉，对方必然会产生相应的戒心。而对方这种情绪的流露，又反过来会使你深信自己当初对他的看法是正确的。这也就是心理学中所说的双向反馈和"角色互动"。由于一方感情的偏失，导致对方的偏失，反过来又加强了一方偏失的程度。如此"循环证实"，势必使一方陷入越来越深的偏见中。

这就提醒我们，当你看不惯某个人，对某人怀有成见的时候，应当首先理智地检讨一下自己的态度和行为。假如发现自己已经受到"晕轮效应"影响，那就首先改变自己。

在生活中，"晕轮效应"是经常发生的。如果我们觉得一个人是好的，是我们喜欢的，那么我们往往会觉得这个人也有着其他的许多好品质，反过来也是一样，这就是人们常说的"一好百好，一恶百恶"。我们在与人交往中要警惕不利的"晕轮效应"，还要好好利用有利的"晕轮效应"。

在教育中，不利的"晕轮效应"也很普遍。比如，教师在观察某个学生时，对于他（她）的某种品性或特征有清晰的鲜明的知觉。由于这一特征或品质从教师的角度看非常突出，因而掩盖了对这个人其他特征和品质的知觉，这也就是人们常说的教育偏见。在教育活动中，大部分教师会有这样的体会：当你对某个学生有好感时，会觉得这个学生什么都好，说话滔滔不绝是口才好，登台表现则是表演力强，犯了错误是难免的；反之，则会横竖看不顺眼，明明是关心集体则会是好出风头，竞赛得了好成绩是投机取巧得来的，发牢骚则认为是思想落后、品质恶劣。

为什么会产生这样的感觉？美国社会心理学家做了这样一个实验。

他让被试者看一张列有5种品质的表格（聪明、灵活、勤奋、坚定和热情），要求被试者想象一个具有这5种品质的人，被试者普遍把具有这5个品质的人想象为一个友善的人。然后，他把这张表格中的热情换为冷酷，再要求被试者根据这些品质想象出一个合适的人，结果被试者普遍推翻了原来的形象，且产生了完全对立的形象。实验表明：热情、冷酷这一特殊的品质在起着晕轮的作用，掩盖和影响了人们对一个人的总体印象和评价。

总之，在人际交往中我们对一个人或事物不要急于下判断，不要以偏概全，要做全面的了解，才能避免"晕轮效应"的偏差。

第五章

与人成功交往的八大心理学定律

测试：人际交往协调能力鉴定

1.如果你是一个大一新生，一次偶然的邂逅，你喜欢上了一个比你大很多的校友前辈，你们交往了很久之后才知道他（她）已经成家了，你会如何处理这段感情呢？

坚持跟他（她）好下去→ 3

立刻终止这段感情→ 2

2.暑假里，你抽到一张国外游往返机票，旅行地是澳大利亚或意大利，你希望去哪个国家呢？

澳大利亚→ 4

意大利→ 3

3.如果你是一位新生代作家，一份时尚报纸请你写专栏，你会写哪种类型的文章呢？

都市白领的感情生活→ 4

旅行札记→ 5

4.如果你发现你的好朋友正在策划如何陷害班长，你会如何做呢？

立刻告诉班长→ 6

虽然不赞同这种做法，但还是站在好朋友这边→ 5

5.假如你捡到一条名贵的小狗，会怎么办呢？

赶紧带回家→ 7

在原地等失主→ 6

6.暑假里有以下两份兼职工作正等着你，你会选择哪一个？

幼儿园美术老师→ 8

手机促销员→ 7

7.假如你在逛街时偶遇心仪已久的明星，你会怎样呢？

赶紧索要签名或跟偶像合影留念→ 8

围上去仔细看看→ 9

8.如果你是一个刚刚从电影学院毕业的新人，你希望出演的第一个角色是什么？

命运坎坷的女一号→ 10

搞笑的女三号→ 9

9.如果有一位相貌英俊的聋哑男子对你表示爱慕之情，你会如何应对呢？

对他的好意说谢谢，表示只愿与他成为普通朋友→ 11

一口回绝→ 10

10.外出旅行，你最担心的是什么事情呢？

吃不到符合胃口的东西→ 11

交通是否便利→ 13

11.好朋友失恋了，你会如何陪她度过这段郁闷的日子呢？

一有机会就开导她、鼓励她→ 12

尽量将就她，陪她哭、陪她笑→ B 类型

12.你无法在预定时间内完成朋友拜托之事，会如何解释呢？

直接说明自己没有完成事情的原因→ F 类型

说自己得了重感冒，所以才没时间做事→ 13

13. 如果你是一家礼品店的店员，这天有一位害羞的男性来买送给女朋友的礼物，你会推荐什么给他呢？

温暖的抱抱熊或纯银首饰盒→ C 类型

搞怪玩具或女巫帽→ 14

14. 假如你在乘车的时候看见一个小偷正在掏老婆婆的钱包，你会怎么做呢？

立刻大喊"抓小偷"→ A 类型

狠狠瞪着小偷或暗示老婆婆→ 15

15. 如果你是一位实习护士，你希望照顾哪种病人呢？

儿童→ E 类型

老人→ D 类型

完全解析

A 类型：你不喜欢闪烁其词、半遮半掩，一般是开门见山，有话就说。由于性格直爽，当你与交往对象产生误会时，你会极力解释，哪怕当众向对方认错，也不会觉得不好意思。随着交往加深，朋友们将会越来越信任你，并理解你偶尔的小错或急脾气。

B 类型：你的人际交往协调能力还有很多不足，你的不自信、害羞造成你无法准确到位地表达和解释自己，以至于出现问题不能及时、彻底解决。更严重的是，对于棘手问题，你干脆选择逃避。大胆地说出自己的想法吧，别担心尴尬，与周围的人相处融洽会有助于你自信心的培养。

C 类型：你的个性偏于柔弱，缺乏果断的判断力，虽然你提倡和平主义，但在协调能力方面还是有些问题。该表明立场时，你态度不明确，影响朋友对你的信任。人际交往中，你要学会抛开自己的狭隘，多跟充满行动力的人相处。

D 类型：你爱动脑子，但不会轻易说出自己的观点，较含蓄。你立场不坚定，容易左右摇摆。因此，表面上你跟大家处得都不错，实际上哪边的人都觉得你不是自己人。你的协调能力有些小问题，只要你能认清自己的信仰，大家会接受你的。

E 类型：你的自我表现欲比较强烈，有一定的交际手腕，协调能力也很不错。不过，你喜欢关心比自己弱小的人，在对比中获得满足。你要注意提升自己的实力，人际交往不只是靠手段，内在实力也很重要！

F 类型：你的协调能力非常好，大家提起你总是赞不绝口。你总能设身处地地替别人着想，尽可能为遇到困难的朋友提供帮助。虽然与人分忧也难免给自己带来一些小麻烦，但获得大家的一致好评是对你的最大回报。

要想取得人际交往的成功，并不是毫无规律可循的。在本章，我们总结出了"与人成功交往的八大心理学定律"，以飨广大读者。

手表定律——信任的快乐

只有一只手表，可以知道是几点，拥有两只或两只以上的手表，却无法确定是几点；两只手表并不能告诉一个人更准确的时间，反而会让看表的人失去对准确时间的信心：这就是著名的"手表定律"。

"手表定律"给我们的人际交往带来一种非常直观的启发：在与人交往的过程中，一定要信任他人。如果只是一味地怀疑他人，交再多的朋友也是不管用的，因为在你真正需要帮助时，一个也帮不上你的忙。只有发自内心的信任，才能在交往中给你带来信任的快乐。

　　手表定律给看表的人带来烦恼，但就其烦恼的源头而言，它是来自看表人本身。试想，如果看表的人相信其中的一只表，又怎会有第二块表的出现？不难看出，是看表人对表的不信任导致了他后来的无所适从。

　　在生活中，我们是否也经常遇到相似的情况？

　　一群大学生在玩一种叫作"信任"的游戏。一个人爬上扶梯，站得高高的，然后仰身闭目向后一倒，后面的同伴便同时伸出手来接住他。

　　据说，这可以考察一个人对他人的信任度，不肯信任别人的人是很难做到完全放松自己、把自己的安危交付到他人手中的。

　　他们很多人都笑着通过测试游戏，但并不是每个人都能做到。一个男生无论如何也倒不下去，硬是在那里摆足了造型，然后灰溜溜地沿着梯子下来了，在一阵哄笑声中悄然走开。

　　其实，相信别人是很快乐的事，在一个自己所信任的朋友那里，我们会得到安全感，觉得可以靠着他温暖地睡去，而不必担心任何危险；我们会将自己心里的事全部说出来，不会有任何负担。人和人之间，若失去信任感，即使彼此吸引，也难以建立长久真挚的感情。

　　这世界上，信任是一种弥足珍贵的东西，是金钱买不来的，也不可能用利诱或武力争取得到。它来自人的灵魂深处，是活在灵魂里的清泉，它可以拯救灵魂、滋养灵魂，让心灵充满纯洁和自信。

　　人活在世上需要信任别人，犹如需要空气和水。我们如果不信任别人，对人就无法诚恳。我们如果戴了假面具不能对人坦白，则是一种极大的约束。"有了信心才有爱",心理分析专家佛罗姆说,"不常信任别人的人,也就不常爱人"。可是,我们也知道,在现实生活中,人们彼此间很难互相信任,为什么呢?主要原因是我们害怕。在飞机上或火车上往往有这种情形:两个人虽然并排而坐,却无任何交流。看他们那种矜持的样子,多么拘束!有人如是说:"我们怕被别人轻视、怕别人拒我们于千里之外,或者揭掉我们的假面具。"

如果和信任我们的人相处,我们会放心自在。心理学家欧弗斯屈说:"我们不但可以保护别人,而且在许多方面也影响别人。"信任或防范,能铸就别人的性格。

要增进彼此的信任,首先,我们必须有自信。美国诗人佛洛斯特说:"我最害怕的莫过于吓破胆子的人。"事实上,自觉不如人和能力不够的人是不能信任别人的。不过,自信并不就是以为自己毫无缺点。我们必须相信自己的地方也就是必须相信别人的地方,也就是说,相信自己切实在尽自己的能力和本分做事,不管有没有什么成就。

其次,信任必须脚踏实地。有人痛心地说:"信任别人很危险,你可能受人愚弄。"假使他的意思是说天下总有骗子,那么这句话是有道理的。信任不可建筑在幻想上。不懂事的人不会一下子就变得懂事;你明明知道某人喜欢饶舌,就不应该把秘密告诉他。世界并不是毫无危险的运动场,场上的人也不是个个心怀善意。我们应该面对这个事实:真正的信任,并不是天真地轻信。

最后,信任他人需要有孤注一掷的精神——赌注是爱,是时间,是金钱,有时候甚至是生命。这种赌博并不一定总能赢。但是,正如一位意大利政治家所说:"肯相信别人的人,比不肯相信别人的人差错少。"

刺猬定律——社交中的"冷处理"

有这样一个有趣的现象：

两只困倦的刺猬，由于寒冷而拥在一起，可因为各自身上都长着刺，刺得对方怎么也睡不舒服。于是，它们离开了一段距离，但又冷得受不了，于是又凑到一起。几经折腾，两只刺猬终于找到了一个合适的距离，既能互相获得对方的体温又不至于被扎。

后来，人们把这则故事作为人际交往的准则，即刺猬定律。

根据刺猬定律，人与人之间的交往应该保持一定的距离，即"身体距离"和"心理距离"。"身体距离"即"私人空间"；"心理距离"即"孤独感"。

所谓"私人空间"是指环绕在人体四周的一个抽象范围，用眼睛无法看清它的界限，但它确确实实存在，而且不容他人侵犯。无论在拥挤的车厢或者电梯内，你都会在意他人与自己的距离。当别人过于接近你时，你可以通过调整自己的位置来逃避这种接近的不快感；但是当狭小的空间中挤满了人时就很难改变，于是就只能以对其他乘客漠不关心的态度来忍受心中的不快，故而看上去神态木然。

有关资料介绍：私人空间的形状与大小可用所谓接近（或被接近）实验的方法来确定。专家们在广场中心位置安排一个人站着，然后让受试者一步步地接近目标人物，这时就会发现这个"过分接近对方而引起不快"的位置。这一位置就是"私人空间"的界线。实验表明：当受试者与目标人物认识时，"私人空间"比互不认识要大，异性之间的空间要比同性之间要大。尤其是女性受试者去接近男性目标人物时，私人空间扩张到最大。

国外电台曾做过一个马路电话亭最多可挤多少男女的游戏节目，最多时曾进10人，因为大家知道这是一个游戏，所以并不在意自己的"私人空间"。可当人们在自己家里时，整个房屋就变成了自己完全的"私人空间"，不容许别人的擅自闯入，也是因为只有在家里才感到安全和放松，这就是"私人空间"保护作用的心理。

在车站、公园供人休息的长椅上，通常坐两端的人多，一旦两端位置都有人占据，就很少有人会主动坐在中间位置。一排长椅最多能坐4个人，先来的人坐在椅子的正中，后来的人会坐在长椅的一边，正中的人则会挪到长椅的另一端。于是，原本可以坐4人的长椅，两个人就"客满"。

"私人空间"的原理告诉我们，当两人彼此过分接近时，会令人产生不快及焦躁感；"私人空间"变得狭小不足时，会产生压迫感，而使人不能冷静、客观地做判断，甚至会对侵犯者采取攻击的态度。

而"心理距离"便是"孤独感"的源泉。在我们目前的认知范围内，人类是宇宙中唯一（迄今而言）的智慧生物。地球的独居性必然赋予人类孤独的心理状态，在没有找到第二个"地球"，发现第二个"人类"之前，人类是无法消除"心理距离"的。我们居住的这个星球，已经密密麻麻地"挤"着70多亿个智慧生物。70多亿人毕竟不是"全同性分子"，也毕竟找不到两个完全相同的人，如同找不到"两片相同的树叶"一样。从这方面讲，每个人都可能感觉到距离。爱因斯坦这样说过："我实在是一个孤独的旅客，我未曾全心全意地属于我的国家、我的家庭、我的朋友，甚至我最亲近的人，在所有关系面前，我总是感到一种距离，并且需要保持孤独——而这种感受与日俱增。"这种距离便是前面所提到的产生孤独的源泉，这种"心理距离"也的确存在，其具体表现形式便是——孤独。

当你离群索居、漂泊异乡时，你会因为对陌生环境的把握不定和自身的失落而产生孤独感；当你与家人或同事产生了隔阂时，你也会感到孤独。但这些具有明显的机缘性，只要改变、克服来自自身的或外界的种种诱因，这种孤独感便会消失。当对社会、对人生具有独到的见解、抱负和使命感时，这种孤独感便会缠绕着你，哪怕是身处人群之中，或在儿女情长的包围之中，心理上的孤独也"在劫难逃"。

由"心理距离"而导致孤独并不可怕，善于孤独，恰恰能在心灵上筑起一座"世外桃源"。信不信由你，孤独有利于自我塑造。埃里克·斯隆说得很深刻："孤独是生活中的一个危机，也是自我深思、自我完善的一个良机。"

"私人空间"是人与人的双边关系，"心理距离"则是个体的内心需求。无论是"身体距离"，还是"心理距离"都只能说明：人作为高智能生物，彼此之间的关系是很微妙的，距离是必不可少的。

那么，每个人的个人空间到底有多大呢？大多数心理学家认为，人们空间范围圈的大小，除了取决于不同民族和文化因素之外，同时也和许多其他因素有关。

美国人类学家爱德华·霍尔制定了一个人际心理距离和空间距离相对应的尺度，为了帮助了解，我们在这里将其绘制成一个简表，见下表。

空间范围圈表

密切区域	熟人区域	社交区域	公共区域
15~46 厘米	46~120 厘米	120~360 厘米	360 厘米以上

有的心理学家认为，这类空间都是人类为了追求内心的安定而设计的。

在家庭中，我们可以允许亲人进入自己的身体区域内，但在办公室里就不同了，自己的"势力范围"很难容许别人接近。这一点和其他动物防卫自己"地盘"的情形大致相同。

假设你是一个新进员工或公司里年纪较轻的职员，有一天被经理叫进经理室汇报工作，通常经理会神色自如地从办公桌旁的角落边拉出一张椅子，然后请你坐在办公桌前。

就心理学的角度而言，那张阻隔彼此界线的办公桌，正是经理宣示自己领域的小道具。

经理请你坐在办公桌的前面，就是非常技巧性地利用办公桌这个小道具，来强调自己的身份。

我们可以这样说：这张桌子实际上就是经理"自我"的延伸，或者说它在扮演着捍卫经理"心灵地盘"的角色。

人类与其他动物不同的地方是，人类能将扩大自己地盘的道具加以有效的利用。一张桌子，或者某些特殊物品，都能达到宣示"地盘"的效果，也具有心理上的特殊意义！

高速公路上经常出现的飞车追逐情景，其实也是这种"地盘"意识作祟的结果。当你悠闲地驾着车，以正常速度行驶时，忽然从旁窜出一辆汽车超越了你，这时你的感觉一定不太舒服，心头不禁暗自咒骂，于是兴起了超车的念头。当然，并不是每个人都会有这种冲动，但大致来说，精神上的不愉快总是免不了的！这是因为：一旦有人侵犯了我们的"地盘"，这种被侵犯的感觉使我们觉得不舒服！

我们都知道，在人际交往中，应该热情些。但是，人和人不一样，情境和情境不一样，根据刺猬定律，有时"冷"一些，与他人保持一定的距离反倒有好处。

皮格马利翁效应——学会赞赏别人

古希腊有一个著名的神话故事。

一位年轻的王子名叫皮格马利翁，他很喜欢雕塑。有一天，他得到了一块洁白无瑕的象牙，就用它雕刻了一个美丽的少女。这个雕塑太美了，以至于王子爱上了这个雕塑，热切地希望"她"成为一个真正的少女，并且每天不停地赞赏"她"的美丽。后来，雕像经不起王子的赞美，并被他的诚心感动，因此真的就变成了一个美丽的少女，和王子生活在一起了。

心理学家用这个故事命名了一个心理定律——皮格马利翁效应。是指我们对人的看法，无论是正面的或是负面的，都会对对方产生影响，对方的行为结果也越来越接近这种看法。

这个效应告诉我们，要想使一个人发展更好，就应该给他传递积极的期望，即不断地赞赏他，因为这对于人的行为有巨大影响。皮格马利翁效应在人际交往中非常有用处。

美国心理学家威廉·詹姆斯发现，人类本性中最深刻的渴求就是赞赏。教师对学生的赞扬与期待，将对学生的学习、行为乃至成长产生巨大的作用。其实每个人的内心世界都一样，没有一个学生不想得到老师的赞赏和期待。

这个效应对夫妻之间的融洽相处也有影响。我们在结婚前想象自己的另一半应该是什么样，但是结了婚才发现对方还是个"毛坯"，离我们理想中的还有相当大的距离。那怎么办？就该由我们把对方改造成"成品"，成为适合婚姻的成熟的丈夫或妻子。

为达到这个目的，最好的方法不是批评和指责，而是赞赏，就是用自己的期望去左右对方。你要鼓励对方做你希望他（她）做的事，当他（她）做到了，你就说他（她）做得太好了，真是个好老公（老婆）。天长日久，他（她）就被你改造过来了。总之，你不能要求对方一开始就什么都懂，毕竟大家都是在婚姻这个学校里不断学习、不断进步和成熟起来的。最重要的就是让对方知道自己的期望，并让对方感到你相信他（她）可以做到。

一有机会就赞赏你身边的人，永远不要嫌多。赞赏你身边的人，可以用真诚的微笑来表达。当然，最直接的方式，还是用语言来赞赏别人。

事实上，对别人进行肯定的认可是我们可以做的最重要的事情之一。仅仅听几句赞赏的话就会使关系更密切。而且，被赞赏的事物经常都是些微小的事情，会被忽视，例如，一丝幽默感或工作的创造力。所以，缺少赞赏是人们选择辞去工作的主要原因之一。

那么，对自己心爱的人——我们生活中意义重大的人——的赞赏会是什么情况呢？美国东北地区的著名播音员玛蒂这样告诉我们：

"当我赞赏那些我最亲近的人时，我希望他们会更好。我对他们给予我的帮助深表感谢。这不仅仅是他们好的方面。我还将自己放到他们的处境和立场上，赞赏他们的斗争和恐惧。我对他们的努力进行认可。即使在冲突中，我也会为了他们的生气和挫折尽力去赞赏他们，因为即使那是不愉快的事情，但它意味着他们在意了。我对于我们之间的不同之处尽量向好的方面感觉，而不是认为受到了威胁。我认为赞赏是创造爱的最好的方式。"

在这里起作用的是移情定律。在最困难的时期，当关系面临危机或问题非常严重时，赞赏创造出一个温和的空间。它阻止我们忽视自己珍惜和热爱的每一件事，使我们对眼前的问题有洞察力。它创造了一个开端，一种关心和爱护的观点，会使事情朝着亲密和进步发展。当我们感到被赞赏时，我们就会放松警惕，找到可以接受和达成一致的共同点。即使这是我们最不想赞赏别人的时刻，但在移情定律的作用下，也许此刻会成为赞赏的最佳和最重要的时刻。这个时刻，我们可以选择越过表面看本质，将它作为给我们心爱的人的一件礼物。

人际交往中，有这样的不等式：赞赏别人所付出的要远远小于被赞赏者所得到的。在人际交往中如果人人都乐于赞赏他人，善于夸奖他人的长处，那么，人际间的愉快度将会大大增加。

有一位心理医生在银行排队取款时，看到前面有一位老先生满面愁苦，这位心理医生暗想，我要让他开朗起来。于是一边排队一边寻找老先生的优点，他终于看到，老先生虽然年近七十，有些驼背，却长着一头漂亮的金发，当这位老先生办完事情走到心理医生对面时，心理医生衷心地赞美道："先生，您的头发真漂亮！"

老先生一向以一头漂亮的头发而自豪，听到心理医生的赞美非常高兴，顿时面容开朗起来，挺了挺腰，道了声谢，就一路哼着小曲走开了。可见，一句简单的赞美能给别人带来多大的快乐。

善于赞赏别人常会使一个领导者具有神奇的力量。如果你对下属说："大家知道，你是很能干的，最近公司人力紧张，我们希望得到你的帮助，辛苦你了。"这样一来，你的下属肯定会为你分忧，即使一人干了两个人的活也不会有任何怨言。

在家庭生活中，学会赞美尤其重要。人们常常在婚前甜言蜜语，婚后批评抱怨，以为结了婚就如进了爱情的保险箱，用不着再挖空心思讨好对方、夸奖对方，总是批评对方的缺点与不是，对显而易见的优点视而不见。其实，婚后妻子更需要丈夫的欣赏，丈夫更渴望妻子的鼓励，批评挑剔不但于事无补，反而会适得其反。

在儿童的成长过程中，鼓励和赞扬更是不可缺少。"小宝真乖，快把苹果分给小弟弟"之类的话有利于孩子的社会化。"儿子真棒，爸爸为你而自豪""妈妈相信你有能力处理好与同学的矛盾"，这些对儿童的自信与自立至关重要。

赞美他人会使别人愉快，更会使自己身心健康。被赞美者的良性回报会使我们更为自信，也会使我们更有魅力，形成人际关系的良性循环。吝惜于夸奖他人者很难获得朋友和他人的拥戴，从而加重自身的自卑。

赞赏别人，特别应该注意几个方面：

（1）赞赏要真诚。要善于从理解的角度真诚地赞赏别人。

（2）赞赏要及时。值得表彰的行为、事迹发生的时间及给予表彰和授予荣誉的时间间隔越短，激励的效果越好。

（3）赞赏要适度。赞赏太多或赞赏太少，都起不到应有的作用，所以要适度。

（4）赞赏要有针对性。赞赏的内容要针对具体成就，而不能笼统地泛泛而谈。

（5）赞赏要有艺术性。为使赞赏发挥应有的效应，管理者应讲究赞赏的艺术。

鲇鱼效应——欢迎你的对手

很久以前，挪威人从深海捕捞的沙丁鱼总是还没到达岸边就已经死了，渔民们想了无数的办法，想让沙丁鱼活着上岸，但都失败了。

然而，有一条渔船总能带着活鱼上岸，他们带来的活鱼自然比死鱼的价格贵出好几倍。

这是为什么呢？这条船又有什么秘密呢？

原来，他们在沙丁鱼槽里放进了鲇鱼。鲇鱼是沙丁鱼的天敌，当鱼槽里同时放有沙丁鱼和鲇鱼时，鲇鱼出于天性会不断地追逐沙丁鱼。在鲇鱼的追逐下，沙丁鱼拼命游动，激发了其内部的活力，从而活了下来。

这就是"鲇鱼效应"的由来，无非就是人们通过引入外界的竞争者来激活内部的活力。但就是这么一个简单的道理，一开始仅有少数几个老渔夫才能知道。自从"鲇鱼效应"的秘密被大家知道以后，已经被用到生活的各个方面。

许多人都把对手视为心腹大患，是异己、眼中钉、肉中刺，恨不得马上除之而后快。其实，能有一个强劲的对手，反而是一种福分、一种造化，因为一个强劲的对手会让你时刻都有危机感，会激发你更加旺盛的精神和斗志，让人发挥出巨大的潜能，创造出惊人的成绩，尤其是当对手强大到足以威胁你的生命时。对手就在你的身后，只要你一刻不努力，生命就会有万分的危险。

因此，欢迎你的对手，积极参与到你们之间的竞争当中，你会惊喜地发现，正因为有他的存在，你的进步才是惊人的。同时，你应该明白，你与对手间不光是竞争关系，如果处理得当，你们之间的合作也将会更有成效。

　　每个人都希望自己和别人的关系和谐、美好，然而，要实现这一愿望并非易事。生活中你常会发现，有些人互相间闹矛盾，既不是因为思想观点上有分歧，也不是由于他们道德品质有问题，只是因为性格上有差异。有的人性情沉稳，做事忠实认真，对只说不做的人可能看不惯；有的人果断泼辣，与优柔寡断、犹豫不决的人可能合不来。这种"看不惯"与"合不来"，虽说只是性情不合，但这个问题不能忽视。我们常常看到：有的情侣性格不合，相互之间感到难以相处，感情上很痛苦，最终不得不分手；有的人因同事之间性格不同，工作上不能合作；有的人谈生意，因为没有耐心和一个慢性子的人协调，可能失去一笔好买卖。在现实生活中，和我们打交道的对手均与我们有着不同的性格，因此，一个人能否和不同性格的人相处，不仅会影响他的生活，还会影响他的工作和事业。学会和不同性格的人相处，对我们的工作、生活都具有重要的意义。

　　那么，我们应该怎样和不同性格的人相处呢？

　　1. 要承认差别

　　人与人之间，不仅有体貌上的生理差别，而且有兴趣、能力、气质、性格等心理上的差异。性格是心理差异的核心特征，人与人的不同，首先表现在性格的不同。必须承认人与人的性格差异，就不会强求别人处处和自己一样，就可能消除由于性格差别而产生的"看不惯""合不来"，就会缓解矛盾，就会在不同性格的人之间减少一些反感和厌烦情绪。

　　2. 要求大同存小异

　　性格不同的人，处理问题的方式方法往往不同，因此，要和不同性格的人相处，就要善于在不同之中发现共同之处。比如，你是个性格平和、处事慎重的人，你给某人提意见，可能语气委婉，丝毫没有强烈、尖刻感。而你身旁有一个性格刚直、暴躁的同事，他给同一个人提意见，可能语气尖锐、单刀直入，同时还可能批评你给别人提意见拐弯抹角，怕得罪人。这时候，如果只看到那个直率的同事提出批评的态度和方式跟你不一样，觉得他太粗暴，不讲情面，你就会与他格格不入，合不来；反之，如果除了看到你们两人提意见的方式不同以外，还看到他和你一样，也是出于一片好心，目的都是真心帮助同事，你就不会认为他粗鲁无情，而觉得他有难得的直率和热心肠，也就不会计较他对你的批评。我们要是多看别人和自己之间的共同点，就容易和不同性格的人相处了。

3. 要多了解别人

心理学研究表明，一个人的性格是在环境、教育、实践等条件影响下形成的。人的性格之所以不同，正是由于人们所处的环境、所受的教育和所经历的实践不同而造成的。那么，当你与一个性格不同的人打交道时，或者与一个性格很特殊的人相处时，你就应该了解一下他的性格形成的原因。假如你是一个性格开朗、活泼乐观的人，遇到的是一位沉默、呆板、孤僻的人，应该多和他交谈，或者侧面调查一下，你可能会了解到他个人生活经受了许多坎坷和磨难，甚至曾经受过严重的精神打击，或许你就会更多地理解他、体谅他、同情他，从而乐意帮助他，而他可能会十分感激你，愿意与你交往，成为朋友。

奥卡姆剃刀定律——社交其实很简单

14世纪前期，法国的一所监狱中逃出一个囚犯。

那时欧洲正处在黑暗的中世纪，一个犯人越狱算不了什么大事，可是这个人非比寻常，他是一位很有学问的天主教教士，人称"驳不倒的博士"。

他叫威廉，出生于英国的奥卡姆，人们叫他"奥卡姆的威廉"。他曾在巴黎大学和牛津大学学习，知识渊博，能言善辩。由于他发表的言论有许多与当时的罗马教廷不合，因此被囚禁在法国的监狱中。

在狱中过了四五年，他找到机会逃了出来，跑到巴伐利亚并投靠了教皇的死敌——德国的路易皇帝。他对路易皇帝说："你用剑来保卫我，我用笔来保卫你。"于是正在和教廷闹别扭的路易皇帝立刻收容了他。

随后他著书立说，但影响都不大。他对当时无休无止的关于"共相""本质"之类的争吵感到厌倦，主张唯名论，只承认确实存在的东西，认为那些空洞无物的普遍性概念都是无用的累赘，应当被无情地"剃除"。

这也就是他所谓的"思维经济原则"，概括起来就是"如无必要，勿增实体"。这句格言为他带来巨大的声誉，因为他是英国奥卡姆人，人们就把这句话称为"奥卡姆剃刀"。它表达了这样一种意思：把事情变复杂很简单，把事情变简单很复杂。人们在处理事情时，要把握事情的主要实质，把握主流，解决最根本的问题。尤其要顺应自然，不要把事情人为地复杂化，这样才能把事情处理好。

奥卡姆剃刀定律自从诞生以来，历经岁月洗礼，被广泛地应用于各个领域。

在人际交往中，奥卡姆剃刀定律可以帮助人们克服为难情绪，使人们更有效地进行交往。

现实生活中有许多人害怕人际交往，也就是患上了通常我们所说的社交恐惧症。这是因为这部分人人为地将人际交往复杂化的结果，如果他们能够拿起"奥卡姆剃刀"，剃除社交中的多余成分，他们就会发现：社交其实很简单，它不过是两个人或多个人的相互对话、相互作用而已。懂得了这个定律，才能够使人们的社交活动顺利地继续下去。

有一个人风尘仆仆地来找朋友，已经饥肠辘辘，想吃一碗面条、米饭或者稀粥之类的便饭。可是他的朋友却十分热情地将他请进馆子，点了十几个菜，拿了过百元的酒，他一再阻挡朋友，声明自己此时真的只需要一碗饭，可是朋友不听。因为盛情难却，他只好就范，没有来得及吃到几口菜，却喝了许多酒。最后酩酊大醉，饭也没吃多少，腹中依然空空如也，而且增添了不少痛苦和难受。

这个事与愿违的复杂"过程"，就是生活中最常见的人为制造的复杂。

世界上有许多事物原本自然而简单，可是作为高级动物的人却生了个聪明的大脑，常常产生出十分复杂的思维，而且善于用这些复杂的思维定式主观地去改造原本简单的事物，结果把一泓清水弄得混浊，将一缕顺丝搅成乱麻。这种情况在生活中俯拾皆是：

公务中一件用电话可以安排的事情，我们却要发一份很长的文件；一件用文件可以通知的事情，我们却要开一个很长的会议；会议上三言两语就能说清的工作，却要甲强调了乙重复，丙再补充。结果我们就制造了复杂的"文山会海"。

也许我们会有这样的发现，越是那些工作清闲、单纯的单位，矛盾、是非反而越多。为什么呢？这说明人是不甘于简单的，而乐于制造复杂，没有条件制造工作方面的复杂，就在人际关系方面制造复杂，以此来填补制造复杂的欲望。

现代社会是一个充满竞争的社会。在这样的环境中，每个人都变得越来越"聪明"，甚至有些尔虞我诈。人们相互之间没有信任，宁愿通过互联网向陌生人述说自己的心事也不愿向身边的人敞开心扉。另外，越来越多的人也意识到对他人精明的算计到头来反而会害了自己，不如老老实实地做一个让幸福之花自己开放的"笨小孩"。其实，那些愿做"笨小孩"的人是在不知不觉中应用了奥卡姆的剃刀定律。那么，在现实生活中，我们应该如何更好地应用这个定律呢？有以下几个原则可供参考。

1. 笨拙使人可爱

千万不要以为只有"可爱"是年轻人的专利，是"美丽"的代名词。看了下面的故事，你会发现，其实有时候"笨拙"也是一种可爱。

有两个煤气检修工完成工作后正准备下楼，其中一个突发奇想，提议两个人比赛，看谁先到达底楼，输掉的那个请客喝啤酒。于是他们就飞快地向楼下奔去。最后，他们几乎是同时到达的。正当两人在那儿不停地喘着粗气的时候，从楼上又跟着跑下一个穿着睡衣、抱着孩子、头发也没有梳的女性。她上气不接下气地问道："出什么事了？""什么事也没有，您怎么啦？太太。"两个工人感到很奇怪。"哦，那就好。从小我妈妈就对我说：'如果你看见煤气检修工也开始奔跑的话，那么情况一定十分危急。'"

这位女性的年纪肯定已经不小了，可即使是到了自己也有了孩子的年纪，她也仍不忘记自己童年时母亲的谆谆教导，这么做虽然有些笨，但让人更多感觉到的是她的可爱，这种可爱是妙龄少女所学不来的。

2. 笨拙蕴含着幽默

在大多数中国人的印象中，幽默也许就是指滑稽或搞笑；而在西方人的眼中，幽默并不仅仅局限于滑稽和搞笑，恰到好处的笨拙才是一种真正的幽默。英国有一本老牌的幽默杂志，名字就叫作《笨拙》。它记载了一个个可爱的"笨伯"们的幽默故事。下面是一个20世纪90年代发生于剑桥大学的真实故事：

在一次考试的过程中，有个勇敢的学生突然提出，要监考的学监为他提供点心和啤酒。接下来是这样一段对话：

学监：对不起，您在说什么？

考生：我要求您现在给我拿点心和啤酒，先生。

学监：很抱歉，不行。

考生：我坚持我的要求，先生。我不仅是请求，而且是命令您现在给我拿点心和啤酒。

这个学生同时出示了一份剑桥大学校规的复印件。这套校规是在400年前用拉丁文订立的，名义上永远有效。该学生指出其中不引人注目的一条：参与考试的所有考生，有权在考试过程中得到点心和啤酒。

惊讶之余，学监不能再表示异议。在没有准备的情况下，他临时拿来了可乐和汉堡包作为替代品。那个学生心满意足地坐在那里，一边舒服地又吃又喝，一边答完了他的试题。

3个星期之后，剑桥大学给予这名考生罚款5英镑的处分，理由是：在考试过程中，该考生没有按照校规带上佩剑！

看到这里，我们不得不佩服英国人绅士般的幽默感。这样的事情若是发生在中国，该考生一定以扰乱考场秩序为名被当场取消考试资格。而在上面这个故事中，无论是那个突发奇想的学生，还是那个一丝不苟的学监，他们对于那份早就该作废的校规所表现出的坚持和固执总让人忍俊不禁。

3. 笨拙包含着智慧

即使是很聪明的人有时候也会装笨，因为笨拙本身就是一种大智慧。请看下面这个故事：

戴韦·伯德是美国著名的心脏外科手术专家。有一天他把轿车开到修车铺修理，一个认识他的技工想跟他开个玩笑，于是在帮他修理好引擎之后说："医生，我每天在这里工作，修理每一辆汽车，仔细检查车子的引擎，找出问题在哪里，然后将它修好，令车子可以恢复正常运作，这跟您的工作在性质上没有任何区别，可是为什么您的工资比我高得多？"

修车铺里所有的人都饶有兴趣地等待着伯德医生回答这个刁钻的问题。

这的确是一个让人难以回答的问题，从正面回答吧，很可能伤害到对方的自尊心，把一场玩笑变成一桩不怎么好玩的事情；不回答吧，就等于默认了对方荒诞的说法，这又很难让人接受。

伯德医生沉思了一会儿，才一本正经地解释说："我们的工作是有区别的。你不妨试试在始终不关掉引擎的情况下完成你的全部工作。"

这是个绝妙的回答。聪明的伯德医生在这里故意"装笨"，顺从着对方的逻辑，把汽车引擎和人体心脏之间的区别混淆起来，但强调两者在被"修理"时所处的状态不同，从而说明自己工作的难度。这样就变被动为主动，既避免了对方的尴尬，又保住了自己的面子。我们在日常生活中也常常会碰到一些让人难以回答的尴尬问题。这个时候，我们就可以开动自己的大脑，相信你一定能想出比伯德医生更好的回答！

4.笨拙就是力量

大家在一起做某件事情的时候，齐心协力的确能产生很大的力量。有时候，想要一个人做好一件事，就必须拿出一点傻劲儿才行，是谓"笨拙就是力量"。

有个干什么都认死理的大学生 A 君，某日他下定决心要考研究生，但他的英语奇差，于是他就去参加了一个英语辅导班。辅导班的老师拍着胸脯说只要把他编写的辅导书从头到尾地做上5遍，就一定能考上——那本书比辞海还要厚。但是 A 君真的相信了老师的话，回去以后不分白天黑夜地做，终于在考试前完成了第五遍。考试成绩出来了，A 君得了88分的高分。而那些抱着各类"速成"同他一起考的同学个个名落孙山。A 君因此十分感激那位老师，于是亲自登门道谢。哪知老师听完他的述说以后，吃惊地说："啊！你真的做了5遍啊？"

看完这个故事，是不是觉得"笨拙"是一件挺有吸引力的事情。是的，正如我们上面所看到的，"笨"的人其实并非真笨，比起那些自以为很聪明的人来说，他们更加超脱，更加返璞归真。他们在人际交往中，更容易成为一个受大家欢迎的人。

华盛顿合作定律——与人合作的重要性

聪明的美国人喜欢把简单的道理总结成定律，所以中国版的"三个和尚"的故事就变成美国版的"华盛顿合作定律"：一个人敷衍了事，两个人互相推诿，三个人则永无成事之日。

钓过螃蟹的人或许都知道，篓子中多放几只螃蟹，不必盖上盖子，螃蟹是爬不出来的。因为只要有一只想往上爬，其他螃蟹便会纷纷攀附在它的身上向上爬，把它也拉下来，最后没有一只能够出去。

与此类似的是邦尼人力定律："一个人一分钟可以挖一个洞，六十个人一秒钟挖不了一个洞。"

人与人的合作不是力气的简单相加，其中的关系要微妙和复杂得多。在人与人的合作中，假定每个人的能量都为1，那么10个人的能量可能比10大得多，也可能甚至比1还小。因为人的合作不是静止的，它更像方向各异的能量，互相推动时自然事半功倍，相互抵触时则一事无成。

与人有效地合作是非常重要的。现代社会里，谁孤立，谁失败；如果失败了还坚持孤立，那他就只有一生与失败为伴，而且没有成功的可能。这绝不是危言耸听，毕竟在这个千变万化的年代，在这个日新月异的社会，个人的力量是渺小的，是微不足道的。在现代社会，沉默不再是金，开口寻求帮助、寻求合作才是金不换！

合作就是一群人为了达到某一个共同目标，而把他们自己联合在一起共同努力，在当今比较流行的称呼就是"团队"。

那些不了解合作努力原则的人，就如同走进生命的大漩涡之中，他们会遭受不幸的毁灭。适者生存是不变的道理，我们可以在世界上找到许多证据。我们所说的"适者"就是有力量的人，而所谓的"力量"就是合作努力。

我们不能像某些人那样无知、自大，总认为自己驾驶一叶小舟，足能驶过处处充满危险的生活海洋。殊不知有些旋涡比任何危险的海域还要危险。

为了获得生命中的成就，我们应该合作努力，而不是单独行动。当然，有些人会说："我要一个人跑到荒野之中隐居，远离各种人类文明，总可以吧？"其实，他更需要依赖合作性的努力，需要依赖他本身以外的力量来生存下去。

每个人的能力都有一定限度，善于与别人合作的人，才能够弥补自己能力的不足，达到自己原本达不到的目的。

清末名商胡雪岩，自己不甚读书识字，但他却从生活经验中总结出了一套哲学，归纳起来就是："花花轿子人抬人。"他善于观察人的心理，把士、农、工、商等阶层的人都拢集起来，以自己的财力优势，与这些人协同作业。由于他长袖善舞，所以别的人也为他的行为所打动，对他产生了信任。他与漕帮协作，及时完成了粮食上交的任务；与王有龄合作，王有龄有了钱在官场上周旋，胡雪岩也有了机会在商场上发达。如此种种的互惠合作，使胡雪岩这样一个小学徒工变成了一个执江南半壁钱业之牛耳的巨商。

一个人的力量是有限的，这不单单是胡雪岩的问题，也是我们每个人的问题。如果我们帮助其他人获得了他们需要的东西，我们也会因此而得到想要的东西，而且我们帮助的人越多，所得到的也越多。

光环效应——打造良好第一印象的重要性

光环效应就是我们前面所提到的晕轮效应，是一种普遍存在的心理现象，它是指一个人在对他人进行评价时，对他人的某种品质或特征有非常清晰鲜明的知觉，由于这一特征或品质从观察者的角度来看非常突出，从而掩盖了对这个人其他特征和品质的知觉。

美国心理学家戴恩等人曾用实验证实了光环效应的存在。他们给被试者看一些人的照片，这些人分别是看上去很有吸引力的人、没有吸引力的人和一般的人。然后要求被试者评定这些人的一些特点，而要评定的这些特点与有无吸引力没有丝毫关系，分别是这些人的婚姻状况、结婚的可能性、职业状况、能否当合格的父母、社会和职业上的幸福感和总的幸福程度等。结果发现，有吸引力的人得到的评价最高，而没有吸引力的人得到的评价最低。戴恩的研究表明，如果一个人有魅力，那么他的其他特点往往也被认为是具有积极意义的。

光环效应产生于人的认识活动中的润泽性。人对于人、事的某些部分有了一定的认识，那么，这些局部认识就会影响到对客体其他部分的认识，给其他部分蒙上一层已有认识的光环。你对一个人的进一步认识，能与以前对他的认识无关吗？第一印象令你摆脱不开，原因就在这里。第一印象的好坏影响很多方面，而且持续时间较长。要消除这种影响，往往要在经历了若干事情，并在较长时间的冲刷之后。

人际交往中总有第一次，良好的第一印象是打开交往大门的一把无形的钥匙，可以说，良好的开始是成功的一半。因为第一印象常常影响着主体对客体以后的判断和评价，也直接影响到交往的继续进行。有的青年男女交朋友，就是因为"第一印象"不好而告吹；有的人新到一地，就是因为不注意"第一印象"，而给以后的交往带来不少的麻烦。

初次见面时第一印象都由外表显露无遗——比如，你的服装、脸色、态度和动作等。以对方的立场来说，依序是先与你见面，接着听你的言辞，再来判断你的谈话内容。所以，要想给别人留下良好的第一印象，首先要特别注意你的服装，没有人愿意倾听一个衣冠不整的人讲话。有很多销售员对物品包装吹毛求疵，可是却对销售物品的人之"包装"疏忽大意，业绩当然不会好。记住，你必须使自己与你的职业相称，为塑造一个给人有好感的形象，你必须留意自己的服饰。以不修边幅的面貌去和人家相见，对方一定会因你可能是"这种人"的理由，而将你"处理掉"。

态度和表情也是必须注意的事项。即使你事先准备好的说辞是多么的洋洋洒洒，不经意表现出来的动作、表情也会揭穿你的西洋镜。在对方一看到你的刹那，你就应该以被吸引住般的明朗表情，大方地踏前一步，趋近对方，以礼数周到而又坦然的态度与对方交谈。

留给他人的印象就是一个人的商标。对方如何评价你、如何器重你，就看你给人家留下什么印象而定了。

想要留给别人好的第一印象，还必须学会微笑。有人说，不会微笑的人是办不好事的，这有一定的道理。微笑具有感染力，笑所表达的各种感情同样也具有感染性。对于你的微笑，对方也会做出同样的反应。透过微笑，将告诉对方你的心情舒畅，同时也使对方具有同样的感受。

心理学家曾经做过一个有趣的实验，以证明微笑的魅力。心理学家给两个人分别戴上一模一样的面具，上面没有任何表情，然后，他问观众最喜欢哪一个人，答案几乎一样：一个也不喜欢，因为那两个面具都没有表情，他们无从选择。

然后，他要求两个模特儿把面具拿开，现在舞台上有两个不同的人，两张不同的脸，他要求其中一个人把手抱在胸前，愁眉不展并且一句话也不说，另一个人则面带微笑。

他再问每一位观众："现在，你们对哪一个人最有兴趣？"答案几乎一样：他们选择了那个面带微笑的人。

这个案例充分说明了微笑是受欢迎的，是成功的源头。

总结起来说，要创造良好的第一印象，有五个注意事项：

第一，要注意服饰及仪表。一个蓬头垢面、衣衫不整的人站在你面前，一定会让你讨厌；服饰并不一定要赶时髦，最要紧的是得体大方、干净整洁。如果你想在服饰方面"标新立异"，那只能使你脱离人群，让别人不喜欢也不愿意接近你。

第二，表情要自然。表情不仅可以充分展示自己的性格和修养，还可以弥补自身的一些先天不足，在第一次与人交往中一定要从心理上放松自己，表情自然。

第三，谈吐要文雅。与人交谈，你要注目对方谈话，赞成就点头，有趣就微笑，不要随意打断别人的话，但可以询问，以表示你在用心听。不要去问、去了解自己不需要知道而别人又不愿意讲的事情。

第四，举止要适度。行为举止是一个人的内在气质、修养的表现。动作要注意文明礼貌，不要莽撞，不要张狂，忌不懂装懂，盛气凌人，指手画脚；不要对人打喷嚏、咳嗽；不要歪歪斜斜地坐着，跷二郎腿；说话时忌讳手舞足蹈、唾沫四溅；不要当众剪指甲、挖鼻孔、抠脚丫等。

第五，待人要真诚。生活中，谁都愿意和热情、真诚的人交往，而同虚伪、自私的人则保持一定距离。因此，你要获得良好的第一印象，就要真诚地与别人交往，就要关心别人、爱护别人，让人们觉得因为你的存在，生活又多了一份美好。

此外，一个人如果具备丰富的知识，或精彩的演说，或娴熟的烹调技艺，或潇洒的书法绘画，或优美的体育技巧，或幽默的节目小品等，也会给人留下一个良好的第一印象。

马太效应——朋友越来越多的秘密

"凡有的，还要加给他，叫他有余；没有的，连他所有的也要夺过来。"

这几句话是来自《马太福音》中的一个故事：

主人要到外国去，把三位仆人叫来，按其才干分银子给他们。第一个得了五千两，第二个得了两千两，第三个得了一千两。

主人走后，第一个仆人用五千两银子做买卖，又赚了五千两；第二个仆人赚了两千两；第三个仆人则把一千两银子埋在了地下。

过了好久，主人回来了，与仆人算账。

第一个仆人汇报赚了五千两银子，主人说："好，我要把重要的事派你管理，可以让你享受主人的快乐。"

第二个仆人汇报赚了两千两银子，主人说："好，我要派你管理很多的事，让你享受主人的快乐。"

第三个仆人汇报说："我把你分给的银子埋在地下，一个也没少。"主人骂了这个仆人一顿，决定夺回他这一千两银子，分给拥有一万两银子的人。

美国著名科学家、哲学家默顿，最早用这句话来概括一种社会心理效应——马太效应。

在我们生活的许多方面，如贫富不均、管理中的用人、青少年教育以及日常的人际交往等方面，都有"马太效应"的影子。

在人际交往中，"马太效应"的表现是，朋友多的人会借助频繁的交往得到更多的朋友，缺少朋友的人则会一直孤独下去。

如果"马太效应"发生在我们身上，我们该怎样对待呢？当我们处于负面的"马太效应"中时，我们不要自怨自艾地顺着"马太效应"发展下去，而是要逆转这个效应，把逆境当成磨炼自己的机会，无论怎样艰难的环境和条件，都要奋发图强，争取改变自己的环境，从而进入正面的"马太效应"。同时，利用正面的"马太效应"，使自己越来越向成功靠近。

　　在人际交往中，正面的"马太效应"告诉我们，如果你懂得交友之道，朋友会越来越多。而这正是我们走向成功的必备条件之一。那么我们在生活中应该如何赢得朋友呢？

　　首先，与人的交往是建立在彼此相互尊重的基础上。尽管我们由于个体的差异会经常影响到友情的进展，但渴望被尊重却是每个人都具有的共性。生活中人人都希望有个尊重、理解自己并重情重义的朋友。但如果我们一味地以自我为中心，必定会失去别人的尊重，更别想与别人建立友情了。要让别人尊重自己，就必须做到自己尊重别人，这就应了一句话：待人如待己。

　　其次，学会赞美。喜欢得到别人的称赞和认可是我们每个人与生俱来的天性。没有一个人不想听到赞美的话语，也没有一个人希望自己存在的价值被人否定。赞美是一种交际手段，它能沟通人与人之间的情感，它对人的激励也会深刻得影响人的一生。即便如此，赞美也要适度，没有人会愿意接受虚情假意的赞美或十分露骨的阿谀奉承，只有发自内心的、真诚的赞美，才能得到最珍贵的友谊。

　　最后，宽容地对待别人的缺点。在生活中虽然我们都有自己的价值观和评判善恶、对错的标准，但我们必须知道我们的观点不一定全是对的，我们的标准也不一定是准确的，我们绝对不可以因为对方观点与自己的不相符而否定别人的价值，也不能因为别人与我们自己的衡量标准之间偏差过大，而拒人于千里之外。我们应该用宽大的心胸容纳和自己不一样的人。

对朋友的缺点，我们应当学会理解和忍让。一个朋友对你说了粗话，过后他早已忘得一干二净，你却耿耿于怀，那么友谊可能因这一点而破裂。如果你理解这仅仅是他的性格所致，便会付之一笑，不再计较。应该注意：是人都有缺点，都不完善，因此不应该把缺点过分放大，缺点就是缺点，仅此而已。

这正如人的个性。人的个性是五彩缤纷的，有人豪爽大度，心直口快；有人谨小慎微，沉默寡言；有人活泼开朗，乐天知命；有人郁郁寡欢，多愁善感；有人粗犷，有人细腻；有人稳重，有人浮躁。这一切就犹如人们的外貌体型有美有丑、有高有矮、有胖有瘦一样正常。一般来说，我们不会以别人的高低胖瘦来判定其价值。那么，我们同样不能以别人的个性来做轻易的界定，因为个性和品格绝非一回事儿。

个性的不同不会成为交往的严重障碍，关键是只要相交的双方都具有良好的品格和交往的诚意。一旦性格相异的人建立了友谊成为知交，常常还能起到互为补偿的好作用。粗犷的人往往比较大胆勇猛，细腻的人往往较为耐心周全，两者协作对彼此就十分有利。

如果你在生活中做到了以上的几个方面，你就一定会拥有许多朋友，你会在维持与老朋友之间情谊的同时也使新朋友与你的感情得到升华。

第六章

在人际交往中如何吸引别人

测试：你是哪种交际类型

请对下列问题做出"是"或"否"的选择：

1. 碰到熟人时，我都会主动同他（她）打招呼。

2. 我会主动给朋友写信以表达我的思念。

3. 在旅行的途中，我经常与陌生人闲谈。

4. 有朋自远方来，我从内心里感到高兴。

5. 除非有人引见，否则我很少主动与陌生人讲话。

6. 我喜欢在群体中表达自己的观点和看法。

7. 我同情弱者。

8. 我喜欢给别人当参谋出主意。

9. 我喜欢有人陪我做事。

10. 我很容易被朋友说服。

11. 我很注意自己的仪表。

12. 如果不幸约会迟到，我会长时间感到不安。

13. 我与异性交往甚少。

14. 我到朋友家做客感到很自在。

15. 我不在乎与朋友乘公共汽车时谁买票。

16. 我给朋友写信时喜欢讲述最近的烦恼。

17. 我常能交上知心朋友。

18. 我喜欢与之交往的人具有独特之处。

19. 我觉得随便向别人暴露自己的内心世界是很危险的事。

20. 我很慎重地发表意见。

计分方法

第 1、2、3、4、6、7、8、9、10、11、12、13、16、17、18 题答"是"得 1 分，答"否"不得分；第 5、14、15、19、20 题答"否"得 1 分，答"是"不得分。

完全解析

1～5 题测试交往的主动性，得分高意味着交往的主动性水平高，在交往上偏于主动型；反之则表示偏于被动型。主动性高的人结交朋友相当主动，但被动型的人则总是等着别人主动，自己几乎不会主动与人套近乎。

6～10 题测试交往时候的支配程度，得分高说明在交往中偏于成为领袖型人物；反之则表示偏于依从型。领袖型人物是圈子里的带头人物，喜欢领着大家前进；顺从型人物则更倾向于听从旁人意见。

11～15 题测试交往的规范性程度，得分高说明在交往中讲求严谨规范；反之则表示交往行为较为随性。交往中严谨规范的人，会为自己和朋友定下一连串的标准和原则，可能会给人一种不容易接近的感觉，可一旦开始交往，不失为一个值得信赖的朋友；交往中较为随性的人，大多比较随和，让人感觉亲切易相处。

16～20 题测试交往的开放性程度，得分高表示交往偏于开放型；反之说明偏于闭锁型。若是得分处于中等水平，则归入中间综合型的交往者。开放型的人乐意结交各式朋友，也愿意去尝试新的交友方式；闭锁型的人则喜欢结交朋友，或孤独行事，或处于一个小的固定朋友圈之中；中间综合的人则同时拥有以上两种特点。

　　人际吸引是人际关系的一种积极状态，是个体在人际交往中表现出的在情感方面相互亲近和喜欢的现象。那么有什么因素使一个人吸引着另一个人？存在什么规律？在人际交往过程中我们要注意哪些方面，使我们能够为他人所喜欢，从而建立良好的人际关系呢？

邻近性的力量

　　在空间上的邻近是导致人们之间相互吸引的重要条件。空间上的距离越小双方越接近，则往往越容易成为知己，尤其在交往的早期阶段更是如此。因为地理上的接近使相互接触的机会更多，相互之间更容易熟悉对方。在中小学生排定座位后，同座的学生多半能相互吸引，街坊邻居也是如此。美国社会心理学家怀特于 1956 年的调查研究发现，在几乎是完全偶然地住到一个居民区的人中，成为朋友的多是居住比较近的人。费斯汀格等人也做过类似的研究，他们发现，居住在同一层楼上的人认为他们和隔壁邻居要比隔一扇门的邻居更亲密一些。人们选择朋友是隔壁邻居的有 41％，而隔一扇门的邻居只有 22％，住在走廊尽头的只被选择了 10％。西格尔于 1974 年在马里兰警察训练学校的一项研究也说明了这种邻近作用。在这个学校里，学员是按照名字的字母拼写顺序而被指定教室的座位和宿舍的。这样，名字在字母拼写顺序上越是接近，在课内外就越容易相处在一起。6个月后，要求每个学员确切地写出3个最亲密的朋友，结果发现他们的朋友大多是名字的字母顺序和自己相近的人。

那么，邻近性为什么会产生亲密性呢？

邻近对交往双方都有利

邻近的人们能及时提供快捷的帮助，满足人们的需要。按照社会酬赏和社会交换理论的解释，人们在互动中总是想用最小的代价换取最大的报酬，与邻近者交往，所付出的代价较小，而获得的酬赏会很多，因为接触机会多，而且快捷，当有困难、有需要时无须长时间等待，可以马上得到帮助和满足，使人们愿意与邻近的人保持友好的关系。俗话说，远亲不如近邻就是这个意思。

邻近增加交往频率

人际认知是需要一个过程的，邻近增加了人们之间的接触频率，使人们有机会了解到对方更多、更全面的品质，在双方具有相似的价值观、态度、兴趣爱好的前提下，产生人际吸引。

邻近导致熟悉，熟悉是导致喜欢的重要前提

社会心理学研究证明，熟悉在人们的相互吸引中有着特殊的意义。

查荣克曾做过一个实验，他让被试者看一些人的照片，有些照片让被试者看了25次之多，有些只让看一两次，然后让被试者说出他们比较喜欢的人。结果发现，照片出现次数较多的人也是被试者比较喜欢的人。因为当我们非常熟悉某人时，实际上对他也就更加了解，这样就能

更好地预言他在不同情况下的行为反应。

当我们非常清楚地知道某人如何行动以及如何对我们所做的事做出反应时，就不太容易做出令他烦恼的事。也就是说，在相互熟悉的情况下，每个人都学着如何行动避免不愉快的相互作用，能够并有意识地不去造成不愉快的后果，真所谓"抬头不见低头见"，大家客客气气、和睦相处，因此邻近的人最容易成为朋友。

邻近易产生积极偏见，导致吸引

人们普遍存在着一种与人建立和谐关系的期望。当一个人知道他要处于某一环境时，他常常试图说服自己：这个环境是令人愉快的，至少不会让人特别难受。他期望在这个环境中愉快地生活下去，就要努力和邻近者友好相处，尽量避免让双方感到不愉快；与此同时，他在看待邻近者时会产生一种积极偏见，即倾向于多看对方的积极面，而忽视其消极面，这样便为邻近性吸引创造了一个前提。

上述这几种邻近性的作用，在每一个人的生活中都相当普遍地存在着。想一想，在你成长的过程中，谁是你最亲近的朋友。多数情况下，他们可能是和你住得近的孩子们。

相同的现象也常发生在大学生宿舍里。学生们总是和最近宿舍里的人最友好，和那些被安排住得最远的人疏远些。或许更使人吃惊的是，类似的情况发生在更为亲密的关系中，比如婚姻。例如，一项对 20 世纪 30 年代期间一个城市的结婚申请的研究显示，有 1 / 3 的夫妻由双方住所相隔不超过 5 个街区的人组成，随着地理上距离的增大，证书的数量反而下降。而且这些结果还不包括有 12％ 的人在婚前就有相同的地址。

一个人际吸引领域的研究表明，空间距离在决定友谊方面的影响显著。社会心理学家雷昂·费斯汀尔、斯坦雷·斯卡特和库特贝克对住在综合楼房里的已婚大学生的友谊做了仔细、详尽的研究。他们发现在综合楼中空间特定结构——每幢楼房包含 10 个公寓——和友谊发展的关联。

　　例如，他们发现友谊和相互间公寓的邻近性有密切联系。住在一门之隔的夫妇比住在两门之隔的更有可能成为朋友，那些住在两门之隔的夫妇比住在三门之隔的更有可能成为朋友，照此类推。而且，住得离邮箱和楼梯近的人比住得离这类结构特色远一些的人在整幢楼中有更多的朋友。事实上，一些结构上的特色包括拥挤使住得近的人更受欢迎。

　　当然，人们可能感到疑惑，这个邻近性和吸引相关的事实是否因为是相互喜欢的人而选择彼此住近一些。然而，事实并非如此：被安排住所的人表现出邻近性对喜欢有同样的影响。

　　然而，是否邻近就一定具有吸引力呢？我们可以发现，邻近并不总是导致喜欢，有时我们不喜欢的人也是邻近的人。所以，邻近是吸引的必要条件，但不是充分条件。正因为邻近，也会由于经常接触而造成摩擦，彼此产生矛盾，久而久之成为仇人或形同陌路。因此，邻近的人要互相吸引，还必须加上其他的因素影响，如相似性、能满足他人需要，等等。总之，邻近与喜欢的关系也不是简单的，它是人们相互吸引的一个客观条件。不过在现代科学技术日益发展的今天，通信网络以及交通工具的普及和完善，时空距离会被拉得很近，邻近对人际吸引的作用也将会出现新的变化。

相似性导致吸引

相互吸引的另一个重要条件就是相似性。

在朋友的生日聚会上，当你与一位陌生人交谈之后，发现你们在电视、文学、球赛，甚至烟酒等方面的态度存在惊人的相似时，你们是否有一种相见恨晚的感觉？对于一个人来说，如果你了解到对方的观点与你的观点越接近，你就越喜欢这个人。

美国心理学家纽卡姆对 17 名大学生的交友过程进行了近 4 个月的跟踪研究，让这些互不相识的学生住在同一间宿舍里进行观察，看一看哪些人最终会成为亲密的朋友。调查结果发现，在见面的初期，多是住在附近的人成为好伙伴，后来，态度的相似逐渐成为吸引的主要因素。当交往双方的一致性程度增加时，认识深度和吸引力也在逐渐增强和深化。

阿伦森是这样解释这种现象的：一是与我们观点相同的人使我们的观点得到了一种社会性的证实，就是他们使我们产生了"我们是正确的"这种感觉，这是一种酬赏，因此我们喜欢与我们意见一致的人。二是某人在某个问题上与我们不一致，我们很可能推论说，此人个性不好，而不是我们错了，因为我们认为这个人对那一问题的意见表明他是我们过去曾见过的那种令人不愉快的、不道德的人。但是，如果某人放弃了原来的观点转而支持我们的立场，我们就会更加喜欢这个人。阿伦森认为，人们在诱使某人改变观点时，感到自己是有能力的，从而克服了因为此人最初持有某种"可怕"的观点而不喜欢他的倾向。

西格尔的实验也说明了这样的观点，如果一个问题对人们来说十分重要，那么要是他能使一个"反对者"改变意见而和自己的观点一致，他宁愿要那个"反对者"而不要一个"同意者"。也就是说，人们喜爱改变观点者甚于喜爱一向忠实于自己观点的人。

除了上面提到的相似性之外，还有很多方面的相似性同样影响到人际吸引。既有内部倾向性的方面，如态度、信念、兴趣、爱好、价值观等的相似；也有外部的身份特征，如年龄、性别、学历、经历、阶层、民族、宗教、行业、国籍等的相似。在现实生活中，行为动机、立场观点、处事态度、个人爱好一致的人就比较容易建立亲密的人际关系。在许多相类似的条件中，态度特征、对象身份、社会背景和文化程度的相似性是最重要的影响因素。

相似性导致吸引，这样的案例在我国古代就有许多。例如：

俞伯牙和钟子期的友谊就源于相似性。俞伯牙有出神入化的琴技，而只有钟子期才能听得懂，于是钟子期和俞伯牙成为最知心的朋友。后来钟子期在政治斗争中被杀，俞伯牙非常伤心，便终生不再弹琴了，因为已经没有人能够听懂了，何况这还会勾起他对钟子期的怀念和伤感。

钟子期、俞伯牙之所以有超乎寻常的友情，就是因为他们有个相似的特点——对音乐的高超鉴赏力。因为无人能取代钟子期，所以他在俞伯牙心中的地位是独一无二的。

人们对和自己相似的人容易看着顺眼，容易成为朋友。相反，如果志趣不投，人和人就不容易成为朋友；即使本来是朋友，发现志趣各异，也会变成陌路。

心理学家做过这样一个实验：他们要求一些年轻人回忆他们结交的一位最亲密的朋友，并请列举这位朋友与他们自己有哪些相似之处与不同之处。大多数人列举的尽是他的朋友与他的相似之处，如"我们性格内向、诚实，都喜欢欣赏古典音乐"，还有"我们都很开朗、好交际，还常常在一起活动"，等等。

在日常生活中我们也经常可以看到，人生观、宗教信仰、对社会时事看法比较一致的人，更容易谈得来，感情融洽。相似性包括很多方面，如态度、信念、兴趣、爱好和价值观等。同年龄、同性别、同学历和相同经历的人容易相处；行为动机、立场观点、处世态度、追求目标一致的人更容易相互扶持……

那么，人为什么会喜欢与自己相似的人交往呢？

首先，人们与和自己持有相似观点的人交往时，能够得到对方的肯定，便会增加"自我正确"的安心感。他们之间发生争辩的机会较少，容易获得对方的支持，很少会受到伤害，比较容易有安全感。

其次，相似的人容易组成一个群体。人们试图通过建立相似性的群体，以增强对外界反应的能力、保证反应的正确性。人在一个与自己相似的团体中活动，阻力会比较小，活动更容易进行。

正因为有这么多好处，所以绝大多数的人都喜欢与自己相似的人交往，这会使人们相处得越来越愉快，因为谁都希望得到别人的承认。同与我们有相似之处的人相处，被拒绝的可能性会较小。

和相似的人相处，还有一个颇为有趣的相关事实是，我们会因为喜欢某人而夸大和他之间的相似程度，从而喜欢他；如果不喜欢某人，则会夸大两人之间的区别性，从而不喜欢他。其结果是我们喜欢的人最终被认为是和我们极端相似的人，而我们不喜欢的人则被认为与我们极端不相似，这也是一般人寻找朋友的原则。

人们在交往中的态度被视为种种社会背景和个性特征熔炼的合

金，人们在态度方面的相似性对人际吸引的效力可能是研究最多的一个问题。

在美国，有人做了一个实验。他招募了一些互不相识的大学生做被试者，要求他们定期接受询问，并为他们提供免费食宿。实验前先测定他们关于政治、经济、审美和社会福利方面的态度，以及他们的人格特征。以此为依据，在一半宿舍里安排态度相似的学生，另一半宿舍里安排态度不相似的学生。在实验中，主试者很少去干扰他们，通过定期询问发现，开始时，邻近性吸引的作用比较明显，后来态度相似性吸引的作用越来越大，只要对方的态度和自己的相似，哪怕在别的方面有缺点，也会对自己产生很大的吸引力。

互补的人容易相互吸引

在生活中我们可以发现，不仅特征相似的人会相互吸引，而且彼此之间差异较大的人，也能够建立较为亲密的关系。在需要、兴趣、气质、性格、能力、特长和思想观念等方面，如果存在差异，而双方的需要和满足途径又正好成为互补关系，就可以产生相互吸引的关系。这证明人不仅有认同的需要，也有从对方获得自己所缺乏的东西的需要。

在人际交往过程中，当双方的需要以及对对方的期望正好成为互补关系时，就会产生强烈的吸引力。例如，独立性较强的人，往往喜欢和依赖性较强的人在一起；脾气急躁的人，往往喜欢和脾气温和的人相处，从而使双方的关系更为协调，各人的特点正好适合对方的需要，各得其所。

研究表明，互补因素在增进人际吸引方面，往往发生在感情深厚的朋友，特别是在异性朋友或夫妻之间。美国社会心理学家克克霍夫等人研究了已建立恋爱关系的大学生。结果发现，对短期的伴侣来说，推动吸引的动力主要是相似的价值观念，而驱使长期伴侣发展更密切关系的动力主要是需要的互补。由此，克克霍夫等提出择偶的过滤假说，两个不相识的男女要结成终身相托的婚姻伴侣，必须经过几道过滤关卡：①时空距离的接近；②本身的因素，主要指当事人的社会经济地位、教育水平、信仰等；③态度与观念的相似；④需要的互补。当然，并非所有婚姻的缔结都必须经过这样一系列过滤。

那么互补和相似定律是否矛盾呢？它们并不矛盾，因为差异并不一定都能形成互补。互补性的前提是，交往双方都得到满足，如果不能满足这一要求，那么相反的特性就不能够产生互补，甚至还产生厌恶和排斥。比如高雅和庸俗、庄重和轻浮、真诚和虚伪等，这些就只能造成"道不同，不相为谋"。

或者说，形成相似的那些条件，往往是大的方面，比如人生观、做人处世原则、人生追求，等等。这些如果不同，就难以理解，不容易吸引。而形成互补的，往往是相对较小的方面，比较具体的特征。

互补一般可分为两种情况。一种是：交往中的一方能满足另一方的某种需要，或者弥补某种短处，那么前者就会对后者产生吸引力。如能力强、有某种特长、思维活跃的人，对能力差、无特长、思维迟缓的人来说，就具有吸引力；支配型的人和服从型的人能够结为秦晋之好，试想，如果两个都是支配型的人结为夫妻，那家中还能太平吗？

互补的另一种情况是：因为别人的某一特点满足了你的理想，而增加了你对他的喜欢程度。比如一个看重学历的人，自己又没有拿高学历的机会，会很看重高学历的朋友，等等。

任何人都与生俱来地具有一些缺点，而且性格不是那么容易改变。为了弥补自己的不足，我们往往在寻求生活伴侣和事业伙伴时注重寻找能弥补自己缺点的人。在事业的合作上，寻找和自己互补的人是非常重要的。

比尔·盖茨原来自己经营微软公司，但时间长了，逐渐发现自己在管理方面存在某种能力的欠缺。而且他自己真正的兴趣是在软件开发上，所以逐渐感到分身乏术、力不从心，工作兴趣也下降了。他逐渐认识到管理方面需要有专门的人才来为他打理，后来就找到了大学时的同学鲍尔默。而鲍尔默恰恰是个管理方面的天才。他工作积极热情，善于影响别人，善于调动员工的积极性。对于比尔·盖茨来说，烦琐乏味的管理工作则是乐趣无穷。这就形成了很好的互补关系，他们强强联合，最终缔造了微软帝国。

互补乍看起来是交往的双方存在着矛盾，实则是双方存在着一致性。互补一定有前提，即在价值观和态度上是一致的，而在角色上二者起互补的作用。一个支配型的人和一个顺从型的人有着互补的人格；一个人的需要满足另一个人的需要，因此他们形成了巩固的关系，并能相互喜欢。在婚姻关系中，男性和女性的作用一般是互补的。所谓"男刚女柔"，即异性伴侣的互补表现。

有一种特别的朋友，叫诤友，即经常为观点不同而争论和能直言相劝的朋友。为了完善自我而看到自我不足的一面，专门与那些有高超见解的人交友，以使他们能经常提醒自己，这是特例。

应该补充的一点是，并非所有相反的或不同的特征就必然是互补的。一个喜欢安安静静读书的人就难以和一个聒噪的人互补，一个自尊心和能力都很强的人也许不愿与知识浅薄之人为伍。因而，人们之间能否相互吸引，不能简单地归结为是相似还是互补，而关键取决于彼此在现有关系中能否感到互相喜欢和愉快。

美丽的仪表给交往加分

人们在交往的时候，美丽的仪表对人的吸引是很难抗拒的。爱美是人类的天性，无论在哪种文化背景下，美貌都是一种财富，都令人向往。同时，与漂亮的人进行交往，也会让我们觉得愉悦，特别是在与异性交往时表现得尤为显著。

心理学研究表明，一个男人与漂亮女人在一起还是与不漂亮的女人在一起，他所得到的评价是不一样的，人们更喜欢与漂亮女人在一起的男人，当然，如果评价者与被评价者有竞争的体验和感受又另当别论。

由于晕轮效应的影响，人们还常常把美貌与好的个性品质对应起来，如聪明、大方、活泼、开朗等，有吸引力的人即使犯了错误也容易得到人们的宽容。按照这样的推理，我们就更愿意与漂亮的人进行交往了。其实，我们从小就受到这种经验的影响，像白雪公主、灰姑娘、睡美人以及她们所喜爱的王子，不是天生丽质就是健美苗条，她们的个性品质更是孩子们学习的榜样。现在电影、电视中的主角们同样在强化我们的这种错觉——外表有魅力的人同时也一定具备良好的人格特质。

在现实生活中也是如此，外表有魅力的人往往比外表不具魅力的人更受欢迎。这一点从托儿所的学龄儿童直至老年人都有着惊人的一致性。实际上，外表有魅力的人不仅更受欢迎，而且人们往往对他们的行为也会做更多的正性解释。

社会心理学家卡恩·典做了一个这样的实验：他向一群被试者（成人）描述了一个 7 岁孩子犯的轻度或严重的不良行为，并要求他们对这个孩子行为的典型性做判断。在描述中还包括一张有魅力或不具魅力的孩子的照片。当不良行为是轻度时，未觉察出孩子外表起的作用；但当不良行为严重时，孩子外表魅力决定了对其行为所做的解释。被试者把有魅力的孩子的行为当作暂时的非典型事件，不可能重复。因此一个被试者这样描述向睡着的狗扔石块的有魅力的女孩：

"我认为，她看起来像是一个非常可爱的女孩，很有礼貌，基本上是无私的。她能在同龄人中很好适应并留下好印象……她和每个人都玩得很好，但像每个孩子，坏日子会发生。她的冷酷不必被当真。"

与此相反，不具魅力的孩子做的相似事情被评判得很无情，被当作长期不良行为的例子，是潜在行为问题的表征。例如，一个被试者这样描述向睡着的狗扔石块的不具魅力的女孩：

"我认为这个孩子肯定很讨厌而且是老师们的麻烦……她可能想向同龄人挑衅……她在家会是一个讨厌鬼。一般而言，她会是一个麻烦。"

在现实生活中也是这样，我们常常会根据犯错者的外表吸引力对相同行为予以不同的判断。外表有魅力和不具魅力的重要性持续存在且远远超过童年期。在 20 世纪六七十年代，心理学家做了这样一个实验：他们用"电脑配对"做掩护，被试者完成的问卷被输入计算机中，计算机按设计好的程序去确定一个人作为"理想的"约会对象。结果发现，决定吸引力的最有影响的因素是约会对象的外表魅力。在确定约会对象时，态度、价值观、个性品质和智慧都没有外表重要。

由此可见，在人际交往中，外表是否具有魅力是相当重要的。实际上，在我们的社会中也有一个关于外表魅力的广为传播的"美丽即好"的定型。根据这一定型，外表有魅力的人被认定有很广泛的优秀特征。有关这一定型的研究发现，这些被觉察的品质包括高社交能力、高尚的人格、良好的社交技巧。另外，外表有魅力的人被认为更聪明、更温暖，而且比外表魅力较差的人心理更健康。

这个"美丽即好"定型有多高的准确性？根据心理学家进行的对研究作品的大规模回顾，它并不特别准确。例如，一些基本的个性维度，比如情绪稳定性、自我估计及控制力与外表魅力不相关。另外，智力与学术能力和吸引力也不相关。另外，几种与人们社会生活相连的个性品质与外表魅力有关。外表好看的人确有较好的社会技巧，而且他们比缺乏魅力的人报告有较少的孤独感和较低的社会焦虑。而且，他们接受欢迎表现较多的性放任，并在大量性行为中有更多的实际经验。显然，"美丽即好"定型有它的局限性，特别是当有魅力和不具魅力的人在基本的个性品质上差异较少时。那么，为什么这一定型在我们社会中会这么有说服力呢？主要有以下几个原因：

（1）受媒体的影响。娱乐媒体特别是电视、电影描绘的主角都特别漂亮，男、女主角都不寻常的英俊或美丽且都既迷人又风流。另外，这些明星周围的其他演员总会相对少一些魅力，而且常演一些笨拙、无用的角色。基于媒体所提供的定型，社会期望外表有魅力的人同样具备特殊的优秀个性就不足为奇了。

（2）人们在认识上存在着基本归因的偏误。当别人看到外表有魅力的人受到如此优厚的待遇，基本归因偏误（夸大了行为的性情因素）会引起错误的推论，认为受优待是由于性情因素（他们优秀的个性）。同时人们可能低估了情境因素（情境中他人的行为）对有魅力的人受到优待所起的作用。因此，这种基本归因偏误就可能导致"美丽即好"定型的永久化。

（3）有明显证据认定"美丽即好"定型部分是天生遗传因素决定的。尽管多数研究者一贯认为美丽的标准是在社会中确立的，但有证据表明这一推断可能并不完全准确。例如，在一个研究中，心理学家朱蒂·朗路易斯及其同事给 6~8 个月大的婴儿看一对照片——其中一个女人被成人断定为是有魅力的，而另一个被判定为不具魅力。婴儿花在看有魅力女人脸的时间显著长于花在看不具魅力女人脸的时间，这说明有魅力的脸使人产生更大兴趣。

也有人在研究中推断出，婴儿对外表有魅力的人表现出更多的应答性。在研究中，一岁大的孩子与戴面具的陌生人玩耍，当陌生人戴一副吸引人的面具时，婴儿就表现出比他戴不吸引人的面具时更多的积极情绪且与他玩的时间更长。另外，有研究说明婴儿与有魅力脸的比不具魅力脸的玩的时间更长。这个研究中的婴儿不可能已学会对吸引性评判的社会标准。相反，结果表明，存在对某种美的一些实质倾向，特定大小和形态的脸提供了一定程度的实用价值，这一点即便对于我们的古老祖先也同样适用，能够提高他们在社会生活中的适应性。

综上所述，美丽的仪表在人际交往中的确有着非同寻常的作用，它往往决定着我们的交往能否成功。

影响吸引力的内在因素

能力和个性品质作为人的内在特点，对他人的吸引力是经久不衰的。

能力

毫无疑问，人们的外貌和仪表能够对人际交往和人际关系的发展起到一定的促进作用，但最终，才华和能力才是最重要的因素。在日常生活中我们常常能够体会到，经过一段时间的交往后，那些相貌一般，但智力超群、才华横溢、有所成就的人要比那些仪表出众，但智商平平、能力平平、无成就的人更具有吸引力。

为什么人们喜欢与有能力的人交往呢？首先，能力强是很有用的，与能力强的人交往能得到更多的信息和资源，还能得到一定的帮助，在某些问题上，有能力的人会提出一些恰当的、非常有用的建议和处理方案。其次，人以群分，与能力强的人在一起，能显示自身的价值与能力。这可能是由于人们有一种想使自己正确的需要，如果我们周围的人都是非常有能力、有才华的人，我们就更有可能正确、不犯错误。最后，有能力的、聪明人的言行会使人感到恰到好处而"赏心悦目"，这其实也是一种酬赏，会令人感到愉悦。

那么，能力与喜欢成正比吗？是否能力越强越讨人喜欢呢？在一个解决问题的实验小组里，那些被认为最有能力、最会出好主意的组员往往不是最受欢迎的人。这是什么原因呢？为此，阿伦森等人设计了一个实验，被试者为明尼苏达大学的学生。他们准备了四种讲话录音，录音内容是关于"大学生才艺竞赛测验"的答题过程，但录音内容不同，让每个被试者听其中的一个。这四个人是：①第一个人能力很强，几乎是完人，正确地回答了 92% 的问题，并且在测试过程中，当问及他在中学的活动时，他谦虚地承认他是一个受欢迎的学生、年鉴编辑、田径队队员。②第二个人是一个能力平庸的人（实际上还是那个演员用同样的语调），他仅答对了 30% 的问题，并且在测试中，他承认他在中学时成绩一般，曾是年鉴的校对员，曾试图参加田径队但失败了。③第三个人回答问题的情况几乎和第一个人相同，但最后谈话快结束时，他笨拙地将一杯咖啡洒在了自己的身上。这一错误动作在录音里是用声音表现的，包括混乱声和杯子的碰撞声、挪动椅子声和此人的烦恼声："天哪，我把咖啡洒到新衣服上了。"④第四个人是一个犯错误的能力平庸的人。就是在第二种录音结尾加上犯错误的录音。在准备的过程中，他们告诉每个受试者，他将听到一个人的讲话录音，这个人是大学生智力测验节目的应试者。然后被试者要根据对他的印象和他看上去的可爱程度等对他进行评价，并让被试者对这个人的喜欢程度打分。结果发现：①不管犯没犯错误，能力高的人比能力低的人更招人喜欢。②能力高的人犯点小错误，会更招人喜欢（第三种人最受喜欢，超过了第一种人）。③能力低的人再犯些错误，更不讨人喜欢（最不喜欢的是第四种人）。

犯了错误的能力超凡的人被视为最有吸引力的人，这种现象被称为犯错误效应。怎样解释这种现象呢？一种解释是尽管我们喜欢有能力的人，但有非凡能力的人似乎是不可接近的、远离我们的超人，其缺乏亲近感；同时，能力太强又无缺点的人在无形中对我们造成了压力，使人自惭形秽、相形见绌，降低了自我形象，所以我们不是十分喜欢这种十全十美的"超人"。

另有一些研究表明，自尊心很强或很弱的人，如果发现他们所喜欢的能力高超的人犯了错误，会降低对这个人的喜欢程度，因为自尊心强的人看到能力强的人犯错误，会破坏此人在他心目中的完美形象，引起鄙夷。自尊心很弱的人则往往把能力强的人视为崇拜的偶像，这种偶像如有缺陷，会使他大大失望。凯·杜克斯经过研究还发现，犯错误效应存在明显的性别差异，大多数男性更喜欢犯错误的能力非凡的男人；女性往往表现得喜欢无错误的能力非凡的人，而不考虑此人是男是女。可见，能力与喜欢的关系是十分复杂的，其间还有许多其他因素共同起作用。

在实际生活中也是这样，一个群体中最有能力、最能出好主意的成员往往并不是最受人喜爱的。为什么呢？这是因为人对别人有两种不同的需要：一方面，人们希望自己周围的人都很有能力，有一个令人愉快的交往背景；但同时，别人超凡的能力一旦使人们觉得可望而不可即，那么人们就会感到一种压力。因此，当一个人被描绘或能力到了普通人不可企及的地步时，人们就只好对他"敬而远之"了。

个性品质

一般，我们总是愿意与具有优良品质的人进行交往。与这种人交往使我们具有安全感，同时可以得到适当甚至很好的回报。具有良好个性特征的人的吸引力是持久、稳定和深刻的。在其他方面一样的情况下，我们更愿意和诚实、正直、乐于助人、友好和善的人进行交往。安德森曾进行的研究表明，得到人们评价最高的品质是真诚、诚实、理解、忠诚、真实等，而评价最低的是说谎、虚伪、作假、邪恶、冷酷、不诚实等。

西方心理学家认为，待人热情是受人喜欢的一个特别重要的品质。福尔克斯等人进行的一系列实验证明了这样一种结论，即"喜欢别人的人最受别人喜欢"。他们要求被试者阅读和听一些谈话、调查报告，然后评价列在长长单子上的问题。这种谈话或调查报告的主人翁被有意设计成喜欢别人或不喜欢别人。问题回答的结果表明"喜欢别人的人最受人喜欢"。他们的解释是，当材料中的主人翁喜欢一些人的时候，人们对他们持积极、肯定的态度，并且赞美和称颂他们，而不是轻视、厌恶或者说他们的坏话，于是来自积极的肯定评价就会激起人们的热情，热情容易导致吸引。

个性品质对人们交往的影响与前面提到的外貌的吸引并不矛盾，外貌的因素主要是在交往的初期具有强烈的影响。随着交往时间的延长，吸引力的决定因素将从外在的仪表逐渐转为人们内在的个性品质。平时我们经常说外表美是一时的，而心灵美才是长期的，实际上这里的心灵美有一部分内容就是指人们的个性品质。

实践表明：优良的个性品质具有无与伦比的吸引力，而这些吸引力具有稳定、持久、深刻的特点。人们普遍认为，男性吸引人的个性品质是勇敢、坚韧、有创造力、不屈不挠、胸怀宽广、不拘小节、理智、正直、忠诚、有思想、思维灵活、事业心强、有责任感等；而女性吸引人的个性品质是温柔、体贴、善良、有同情心、善解人意、为人随和、值得信赖、活泼开朗等。无论男性还是女性，作为个性品质，最有吸引力的是真诚，最被人排斥的是虚伪。下表是人在交往中所表现的各种个性品质的对比：

最受人喜欢的	优点与缺点参半的	最不受人喜欢的
真诚	固执	作风不好
诚实	循规蹈矩	不友好
理解	大胆	敌意
忠诚	谨慎	多嘴多舌
真实	理想化	自私
信得过	容易激动	眼光短浅
理智	文静	粗鲁
可靠	好冲动	自高自大
有理想	好斗	贪婪
体贴	腼腆	不真诚
可信赖	猜不透	不友善
热情	好动感情	信不过
友善	害羞	恶毒
友好	天真	讨厌
快乐	闲不住	虚伪
不自私	空想家	嫉妒
幽默	追求物质享受	冷酷
负责任	反叛	邪恶
开朗	孤独	自以为是
信任别人	依赖性	说谎

增进人际吸引的方法

在日常生活当中，人们对人际关系的处理，大体上有三种情况：一种是"如鱼得水"型，各方面关系都比较融洽；一种是"过得去"型，马马虎虎、普普通通，说长道短的不多，亲密的朋友也不多；一种是"关系紧张"型，或是与同学、同事之间关系紧张，或是与家庭其他成员之间关系紧张，或是各方面关系都比较紧张。这类人的人数不会很多，但不会比"如鱼得水"类的人数少，大多数的人是属于中间状态。可见，处理好各种关系以及有效增进人际间的吸引的方法，对我们来说是非常重要的。

那么，增进人际吸引的方法有哪些呢？

尊重别人、关心别人

关心和尊重是人的非常重要的需要，也是人与人之间友谊的基石。当人们有困难的时候，关心能激发他克服困难的勇气和信心；当人们遭受挫折、陷于焦虑时，关心可以使他摆脱困境；当人们获得成功时，关心可以使他戒骄戒躁，向更高的峰顶攀登。即使在平常的情况下，关心也是完全必要的，当一个人知道自己被人所关心、所尊重时，就获得了安全感。因此，我们应该时时关心别人，处处尊重别人。其实关心他人，也就是关心自己。人非草木，孰能无情。你越关心别人、尊重别人，你在他生活中的重要性也会越大。他也会转而关心你。

对别人的关心，有物质上的关心和精神上的关心。精神上的关心，给人以安慰和鼓舞。物质上的关心，给人以温暖和实惠。因此，关心能够使人产生肯定的情感。被关心的人，往往会对关心他的人产生一种感激之情。

诚恳待人，不虚伪做作

诚恳待人基本上可以归结为两个方面：诚恳地对待别人的优点和成绩，善意地对待别人的缺点和过失。

对别人的优点、长处和成绩，应该由衷地感到高兴并表示赞美。真诚的赞美是一种鼓励，是关心的具体表现，不仅可以使人的尊重需要得到满足，而且可以进一步激发他的成就需要。赞美应该中肯，鼓励应该真诚，而不是言不由衷的阿谀奉承，也不是虚伪的应酬话。阿谀奉承和虚伪的应酬话都会损伤正常的人际关系。诚然，社会上有一些人喜欢别人的阿谀奉承，但大多数人都能辨别出别人话中的诚意，只有中肯的赞美和真心的鼓励，才能加深双方的感情。

善意地指出别人的不足之处，是诚恳待人的另一方面。

批评本来就逆耳，如果不善意、不真诚，那就会变成恶语伤人，使人难以接受。在批评别人的时候，要把握两点：一要实事求是，二要注意方式方法。要做到实事求是，就要了解当事人的处境和造成错误的原因，否则，就会使当事者感到委屈，而难以接受。人非圣贤，孰能无过。犯错误是难免的，多数人犯的错误是无心之过，或者由于客观原因而不得不这样做。因此，在批评时，首先应了解当事人的态度和造成错误的原因。等到整个情况都弄得一清二楚的时候，我们也许就会发现，在当事者的全部行动过程中，并不是一无是处。其中有许多具体的做法可能是对的。如果单根据其表面现象指责一通，就会伤害被批评者的自尊心，助长其防卫倾向。那么，即使我们的话是对的，他也会充耳不闻。

助人为乐，但要坚持原则

人是需要帮助的，特别是在困难的时候更需要帮助。患难之中见真情，如果在朋友困难的时候袖手旁观，那还有什么友情？

帮助别人，有时要牺牲一些自己的利益，请不要吝啬，那是友谊的代价。朋友对我们的帮助，我们将会铭记在心。投之以桃，报之以李，历来如此。当然，我们给别人的帮助，绝不应该以期望他的回报为前提。我们应该记住别人给我们的恩惠，而要遗忘自己给予别人的帮助。

也许，我们的朋友会提出一些使我们进退维谷的难题，这时你应当先将事情弄清楚，如果他的要求是合理的、正当的，那就应尽力而为。如果实在无法可想，帮助他又会违背原则，有损于他人，则可以婉言相劝，以取得他的谅解。在不得已时，"恕难从命"也是需要的。

拒绝别人的要求，有一点应该注意，这就是千万不要强调自己的道德或行为标准，标榜自己公正无私、坚持原则的品质，这会使对方感到难堪，甚至会觉得下不了台。要说明不能满足他的愿望即可。必要时，可以用诚恳的态度指出无益于对方或只有损于他人的情况。

保持本身人格的完整

每个人都有其独特的个性，有其特有的行为模式，这是健全的人格特征之一。与人相处，固然要尊重别人，谅解别人，随和大方，但尊重、谅解不等于无原则的迁就。无原则的迁就不会得到别人的信任和尊敬，当然也无法吸引别人同你建立良好的人际关系。

一个人要获得别人的尊重，必须首先自己尊重自己。自尊和尊重别人是统一的，尊重他人，是尊重他崇高的美德、尊重他对社会的贡献，是为了向他学习，而不是向他叩首礼拜。因此尊重别人不能降低自己的人格。

维持自己人格的独立和完整，是自尊的表现。一个人如果没有独立的人格，那无异于行尸走肉。

保持人格的独立，就不能人云亦云，遇事要独立思考，有主见。善于独立思考的人，对别人的意见既不盲从，也不一概排斥，而是择善者而从之。迷信、盲从是自己不要权利，自己降低自己的人格。不考虑别人的意见是盲目自信。

让别人了解我们

良好的人际关系，要以情感为支点，相互了解是彼此产生情感的前提。世界上没有无缘无故的爱，只有知之深，才能爱之切。因此，我们应该让别人了解自己。即使是缺点，也不要怕被别人了解。如果你躲躲闪闪、文过饰非，就难以取信于别人。

相互了解也包括了解彼此的个性特点，一个人的个性特点包括气质、能力、性格、兴趣等，它可以在人的活动中表现出来，并且影响活动的进展、效率、活动方式等。了解了彼此的个性特点，有利于相互配合和以后的交往，防止误会的发生，从而增进人际吸引。

多和别人沟通

良好的人际关系依赖于相互了解。意见沟通，是达到相互了解的途径。我们应该利用工作、学习之余，多和别人沟通（当然，有关工作问题，还可在工作时间进行讨论），以求得彼此的了解。工作之余的交谈，不一定要局限于学习、工作问题。可以海阔天空无所不谈。一般谈论，也是各人表达其态度的机会。"闲谈"不仅能使我们获得各方面的社会信息，增进我们对社会的知识，而且是了解他人增进人际吸引的途径。

第七章

如何同他人建立起亲密关系

测试：心灵的围墙

如果有一个不是很熟的人突然对你开始百般讨好，你会怎样做？

A. 以平常心与对方交往

B. "无事献殷勤，非奸即盗"，不动声色地提防他

C. 即刻拒绝，这样就不用担心他有什么企图了

D. 最近不知道怎么了，人缘总是很好，好高兴

完全解析

选择 A：你是个坦诚的人，良好的心态会为你带来良好的人际关系。在你看来，对方只是想跟你做朋友，不会轻易受到对方的影响，所以你可以很客观真实地表现自我，以一颗平常心与对方交往。大多数情况下，对方即使另有所图，也会因为你的平常心和坦诚而自动打消念头。

选择 B：你的心灵围墙比较高，自我保护意识比较强。面对陌生人，你会习惯性地启动自我防卫系统，以静制动，先摸清对方的意图。你成熟稳重，即使看破一件事情也不会轻易说破，避免为自己树敌。这样的社交模式，导致你的人际关系四平八稳，能交心的朋友并不多，但是，敌人想暗算你也绝非易事。

选择 C：你的心灵围墙太高了！你随时随地都处于高度戒备状

态，尤其是对陌生人。长此以往，你的人际关系会越来越封闭，心理健康也会受到影响。也许你天生神经质，也许你曾经受到过伤害，不管什么原因，请你试着敞开一些心灵空间，其实很多时候，敌人是我们自己假想出来的。

选择 D：你过于自我，考虑任何问题都把自己摆在首要位置，其实这样反而容易让人钻空子。当别人有所企图地接近你时，只要稍微对你殷勤一点，赞扬你一番，你就会不由自主地陷入自我期待中。

同他人建立亲密关系，是我们每个人在人际交往中想要达到的最高境界。要想实现这种境界，并非不可能，心理学家为我们提供了一些方法，虽然这些方法不能保证适合每一个人，但只要你在实际交往中"因地制宜"地善加利用，还是会收到一定的效果。

家庭：最初的人际关系

孩子最初与父母的交往大多数都会对日后的人际交往有所影响，因为家庭是我们每个人学习与人相处的第一个场所。家庭是社会的基本细胞，家庭内部成员间有着丰富多彩的交往，并影响到以后的人际交往。只有理顺家庭中的人际关系，才能端正社会上的人际关系。也只有社会上的人际关系理顺了，天下才能稳定。

家庭作为人类的基本生活单位与社会存在着三种主要关系：其一，家庭是一种有生命的、能生产的、特殊的社会生活组织形式，它与其他社会关系不同，以两性结合的血缘关系为基础。所以繁衍后代的职能主要由家庭来完成。其二，家庭是社会的细胞，是社会基本的单位。人类进入文明时代以来，没有家庭就没有社会，人际交往是建立在家庭交往基础上的，社会由成千上万个家庭组成。其三，家庭也是种从事物质和精神生产的特殊的经济文化组成形式。家庭在物质生产中积累的物化技艺和精神生产积累的经验知识，在社会上传播之前，首先在家庭内部传播和继承。

同时，家庭也是我们建立最初人际关系的场合，家庭中的交往关系是我们学习人际交往的基础，那么家庭交往关系都包括哪些呢？

夫妻间的交往

它是家庭交往的核心，直接制约着家庭交往的气氛和思想道德水平。一个和睦的家庭，必然有良好的夫妻关系。夫妻交往要遵循互相尊重、民主和平、相敬如宾等原则。夫妻交往中应注意的是：①以良好的交流共建归属感，对可能造成的误会要尽可能向对方解释清楚，互相信任；②当自己做错事时，应主动地、幽默地承认错误，虚心接受批评；③双方发生争执时，一方应主动撤离；④生活应有精神寄托和志趣，互相赞赏，经常向对方提出积极的建议，攀登新的目标；⑤共同承担家务劳动，共同教育子女，支配好业余和节假日时间；⑥遇事应民主协商，不独断专行；⑦当一方因工作事业不顺心时，要多开导，使他（她）的压抑得到及时宣泄；⑧互相体贴，关心对方的衣食住行；⑨共享天伦之乐，应多在一起游玩或谈心。

在夫妻交往中，有一些不良行为会影响双方的关系。属于丈夫的不良行为包括：①大男子主义，视妻子如用人；②对别的女人品头论足，羡慕别的女人；③言语尖酸刻薄，动辄粗话连篇，拳打脚踢；④和女人斤斤计较，心胸狭窄；⑤对家庭无责任感；⑥缺乏男子气概，没有主见，缺乏道德，不求上进；⑦吃喝嫖赌，骗财偷情。属于妻子的有：①整日盯丈夫梢，对丈夫处处不放心；②当众数落丈夫，赞扬别的男人；③胸无大志，好吃懒做；④情感外露，风流轻浮；⑤对家庭不负责任，不尊敬老人，不关心孩子；⑥把持丈夫工资和奖金；⑦对丈夫的喜怒哀乐、衣食住行漠不关心；⑧把丈夫视为附庸，总是说"当初不该嫁给你"；⑨脾气古怪，喜怒无常。要知道，建立和睦的家庭关系，夫妻双方都负有责任，需要双方共同努力才行。

夫妻双方朝夕相处，难免会出现一些纠葛，但最重要的是要互相尊重。首先，当矛盾产生时应从大局出发，采取积极的态度，从内部调解，有时也可以借助外力，如请求组织或同事、朋友帮助调解。其次，当夫妻之间感情裂痕无法弥合时，又经过了深思熟虑，应果断提出。

父母与子女间的交往

主要是家庭教育问题，包括知识传授、规范教育和性格培养等方面。现代家庭可分为工、农、兵、知、商、政六种职业单一组合的家庭及其之间交叉组合的家庭，它们均可视为普通家庭。普通家庭按一些特点还能分成个体户家庭、留守家庭（异地生活，一方在外地、外国）、离异家庭、再婚家庭等。家长在对子女情感的问题上，一般可分为重己型，即以夫妻为中心；重子女型，即以子女为中心；中间型等三种。在对子女的教育问题上，一般可分为重义型，即重视思想品德教育；重利型，即看重功利教育；中间型，处于重义重利之间；放任型，任子女随便发展。当代家庭教育中，家长普遍"望子成龙"，有人对上海家庭进行抽样调查，结果显示：①希望子女未来的学历，研究生以上占27%，大专本科学历占54%，高中、中专学历占15%，无所谓占4%；②希望子女未来工作地点，出国41%，留在身边占35%，外省占6%，无所谓占18%。这说明家长普遍对子女有较高的期望值。

从社会角度讲，家庭既然是社会的基本细胞，那么家庭教育首先应该搞好思想品德教育，其次是进行智力、行为习惯教育、个性教育、特长教育、审美教育、性别（生理）知识教育。家长是子女的第一任老师和模仿的对象，要在家庭交往中通过一举一动、点点滴滴的小事来教育子女树立自尊、自信、自强、自爱观念，克服娇气、怕吃苦、任性、以自我为中心的性格，从小养成个人是集体的一员、个人应为集体做贡献的意识，并吃苦耐劳，经得住社会的考验。

同老人的交往

主要是赡养问题。当代社会，无论是年轻夫妇和老人一道居住组成大家庭，还是单独居住，年轻夫妻都有关心和照顾老人的责任和义务。赡养老人或尽孝心是我国传统美德。动物有情，何况人类？生活上爱护照顾老人，一方面是报答老人的养育之恩；另一方面也是给下一代做榜样，自己也有老的时候。

每个家庭都应让老人度过幸福的晚年，使老人精神愉快、心情舒畅，具体措施有：①积极主动帮助老人解除生活中遇到的各种困难，如衣、食、住、行，重体力劳动及看病护理等；②经常向老人通报自己的工作、学习、生活情况；③定期（如节假日）看望老人，掌握其生活、健康、情绪等情况，谈社会、家事，多交流；④帮助和引导老人参加健身和文化娱乐活动，陪老人逛商场、游公园、进戏院等；⑤尽可能满足老人的物质文化需要，如购买老年食品、订阅报纸杂志等；⑥每隔一段时间，为老人检查一下身体，社会上若能发展这种专项服务肯定也会受到绝大多数家庭的欢迎；⑦主动签订赡养协议，由司法部门公证，增强赡养意识，减少家庭矛盾。

同邻里间的交往

这是家庭作为社区成员和周围其他家庭之间的社会往来。邻里之间言笑之声相闻，天天难免相见。每个家庭都要共同维护社区治安，做好社区卫生，美化环境，参加社区活动与服务，一家有困难，大家来支援，共同创建社区的精神文明，处理好邻里关系。

如果家庭内部能够做好以上几种交往关系，那么就会为我们将来进行更广泛的人际关系打下良好的基础。

家庭之外的关系：建立亲密的友谊

人际间的爱有血缘爱、性爱、敬爱、抚爱与友爱五种，友谊便属于朋友间的友爱，这种爱是十分广泛的，不仅同性间有，异性间也有；不仅同龄人之间有，年龄悬殊很大的人之间也有；不仅同等地位的人之间有，地位悬殊的人之间也有；甚至存在血缘爱、性爱的人们之间依然可有友爱，可见友爱是人际间最广泛的一种爱。可以这样理解，友谊是最大限度上剔除了生物属性、心理上对等、行为上互酬的亲密的人际关系。

从小时候起，我们大多数人就会与一些和自己有共同爱好的同龄人开始一般的交往。这种早期的人际关系，即友爱，会有利于形成以正向情感为基础的相互喜爱之情。一般来说，有朋友是好事，因为这样可以激发人的自尊心，并有助于缓减压力，但如果交上一个反社会、退缩、冷漠、好斗或不可靠的朋友，也会带来许多负面影响。

亲密朋友与其他友好关系

随着我们日益成熟，亲密友情会具备几个与众不同的特征。例如，在不是朋友的人面前，人们往往会出于自尊包装自己的形象，但如果是与朋友交往，便会对自己的成就表示出谦虚的态度。

亲密关系一旦建成，与一般关系相比，会使两个人在一起的时间增多，见面次数增多，还会有自我暴露、双方情感支持，以及区别于其他一般朋友的特殊对待。普通朋友只是处得来的人，而亲密朋友则意味着慷慨、细腻、诚挚——在他面前你能够感到放松和自由展现自我。

社会学的调查表明：女性的亲密朋友比男性多，并且她们认为交亲密朋友有许多好处。例如，有朋友的人比没有朋友的人对工作的满意度高。

而不好的是，当与一个重要朋友离别或失去他／她时，带来的痛苦也是非常大的。例如，大学毕业往往会中断这种亲密友情，出现情感危机，所以两人必须适应这种分离。所以，大四毕业生，尤其是女孩，会比那些不面临毕业的学生更多地表现出强烈的情绪困扰。

男性朋友之间的谈话是不是与女性之间有明显不同呢？有关心理学家区分出了几种因性别不同造成谈话内容不同的特征。两个男人在一起喜欢谈论女人和性、人际关系困境，还有运动和酒。而两个女人在一起则喜欢谈论与男人的关系、服装、与室友的矛盾、赠送／接受的礼物等话题。

男女之间存在着不涉及性的友谊吗？对这类关系，目前还没有多少研究，但有人提出，男女对异性友谊的期望有所不同。例如，男性倾向于和有魅力的异性建立友谊，希望能从朋友关系发展成为性关系。但如果没有身体上的吸引，男人便认为有理由结束交往了。而恰恰相反，对于女性来说，与男性建立友谊是为了得到身体上的保护，如果不具备这种保护，她们也感觉应该疏远这种关系。

事实证明，以上说法是不准确的，因为我们会在现实生活中发现，男女之间也存在着不涉及爱情或性的友谊，这就是我们通常所说的"蓝颜知己"。

维系友谊的交往要素

美国芝加哥洛约拉大学心理学教授尤金·肯尼迪说："建立友谊的最基本的秘诀是有勇气承认自己是真诚坦率的，友谊意味着充分信赖他人。人们要在不危害友谊的基础上得到友谊的报答。"这里尤金·肯尼迪从心理学角度道出了维系友谊最重要的要素——真诚。

1.真诚

马克思也是把真诚放在首位，他说："友谊需要真诚去播种，热情去灌溉，原则去培养，谅解去护理。"

朋友间以诚相待，并不排斥讲话有分寸、有保留，但所谈的话应该是真实、诚恳的。虚伪是埋葬友谊的坟墓。朋友间如果不互相信任，相处时还要互相戒备，那友谊就已经死亡了。

朋友之间要以诚相待，以心见心。没有真诚就不会存在真正的友谊。相知贵在心，常相知不相疑，虚伪是埋葬友谊的坟墓。一句话，建立友谊、发展友谊，需要真诚；消除隔阂、解除隔阂，也需要真诚。

2. 信用

信用是处理人际关系（包括非友好关系）的必守信条。敌对双方谈判要守信用，做生意的双方成交要守信用，甚至连父母对孩子也要守信用。

信用的心理作用首先是给对方以安全感。朋友间是以相互吸引为前提的，但这种吸引是否能持续、持续多久，很重要的一点是双方必须在交往中达成心理上的安全感，有了安全感，可以防止交往中焦虑心理的产生。

3. 大度

宽宏大量应是维系友谊的第三个心理要素；反之，心窄气小、多疑善变则是交友的大敌。

大度同样可以在心理上给朋友以安全感，对方不必担心你发火、埋怨或绝交。大度还包括责己严、待人宽，这样交往中便更趋轻松、自由，就可以避免不必要的恐惧感。

大度还表现在对待钱财上的大方得体，这也是个复杂的心理学问题。有的学者在大学生中做过这方面的调查，结果表明与朋友经济上往来属于：

（1）钱财、用品分得很清的占 17.8%。

（2）不分彼此的占 24.8%。

（3）零碎不计较的占 57.4%。

可见，多数人在钱财问题上是能表现其大度的。

4. 尊重

如果说真诚是维系友谊的基础的话，那尊重便是维系友谊的灵魂。尊重是人的较高级的需求层次，在与一般人的人际交往中都不可忽略，更何况是朋友间呢？

尊重包括尊重对方的潜在尊严和表征尊严。潜在尊严是内心意向的自我坚持，比如自己执着地热爱业余写作，坚持这个意向，即是自我尊严。表征尊严是在他人（包括自己起码三个人）面前的上优欲的满足，比如选定一件上装，总希望在别人面前得到赞誉，如果得到的不是赞誉而是讽刺，这个上优欲未得到满足，或者说受了挫折，便是对表征尊严的损伤。

充分给朋友以其才干上的信任，是最好的尊重方法。

美国著名广告家斯坦顿，与一位很有才干的工程师朋友的关系一度疏远，斯坦顿发现后马上请他审查一幅新建水管装置的设计图，并求他指教，朋友的潜在尊严受到维护，便奋力地为他审图，提出意见，二人的友谊很快恢复了。

以上列出了维系友谊的四个交往要素，恰如支撑一个方亭的四根柱子，缺少一根，亭子便倾斜，甚至倒塌。而要想这个方亭屹立不倒，除了以上四个要素，还有两个赖以牢固的基础——理解和热情。理解是方亭底座的砖石，热情是底座的黏合水泥。我们也可以这样理解：理解是友谊的前提，热情是友谊的纽带。朋友间失去了理解犹如马路上失去了轮子的汽车，失去了热情则如熔炉中失去了火焰的煤炭。而这种理解和热情是建立在亲近的心理基础上的。

爱情：超越友情

爱情交往是人际交往中异性吸引的重要内容之一。爱情双方的亲密程度超越了友情。爱情可在友情的基础上建立，爱情中也可存在友情。

爱情的特点

爱情是异性间建立的一种特殊的情谊关系。只有当异性间是基于一定的客观物质基础和共同生活理想，在各自的内心中形成最真挚的仰慕时，爱情才能成为恋爱双方结成终身伴侣的最强烈的感情。

恩格斯在《家庭、私有制和国家的起源》中曾讨论过"现代意义上的爱情关系"，对我们正确理解什么叫爱情具有现实意义。总结起来，恩格斯所说的现代爱情关系具有以下特征：

1. 具有自主性

爱情必须是出于当事人的自愿，以所爱者的互爱为前提，不受外来因素和势力干预。尽管有时需要通过他人介绍、穿针引线才能相识，但最终还要由当事人双方来决定是否"互爱"。我国在法律上保障自由恋爱，反对父母包办子女婚姻，反对农村的换婚行为，严厉打击人贩子残害女性儿童的刑事犯罪活动。强扭的瓜不甜，爱情应建立在男女双方发自内心的"有情"之上。

2. 具有对等性

建立爱情必须是"女性处于同男子平等的地位"，或者说男女双方的地位平等。爱情不能凌驾于一方之上，男女双方都不能把对方视为用人或玩偶。社会主义制度使男女平等成为现实，为消灭阶级差别创造了条件，男女都有机会学习和工作，并献身于社会，因此也为异性追求真正的爱情开辟了广阔的道路。

3. 具有排他性

男女双方一旦形成爱情关系，就不容许第三者介入，也难容忍任何一方与别人有亲密行为。同其他人的情谊再深，也不能超出朋友的关系。

恋爱当中，三角恋爱、多角恋爱是不道德的行为，往往会刺伤一方的自尊心，使之蒙受被人玩弄、出卖的耻辱。

4. 具有持久性

基于爱情的结合会使彼此难舍难分，爱情是情感和责任义务的统一，不仅贯穿于初恋、热恋过程中，而且贯穿于婚后的夫妻生活和家庭幸福之中。任何一方朝秦暮楚、喜新厌旧，或者把结婚当作爱情的坟墓，这种爱情便不是真正的纯洁的爱情。

5. 具有道德性

现代爱情在性关系上的道德性，首先要看"它是结婚的还是私通的"。爱情应建立在共同的理想和道德基础之上，人要有国格、人格，不要为出国、金钱、地位、享受而卖身求荣，做人要自尊、自强、威武不能屈。同时也要警惕，只要存在权势、经济等方面的差别，总会有人仗着这些"优越性"，以非爱情、非道德方式玩弄女性。爱情应该是健康的、严肃的，人人要洁身自爱，一方面是为了个人名誉前途和家庭幸福；另一方面也是为了不损害他人。逢场作戏，满足性欲，是西方性解放带来的堕落，缺乏道德感的"露水爱情"，不仅伤风败俗，而且造成严重的社会问题（如弃婴、性病、艾滋病及吸毒等），损人害己。

6. 具有义务性

爱情是婚姻和家庭的基础。夫妻双方都要对家庭承担义务和责任，如赡养老人、教育子女、料理家务以及夫妻之间在工作、学习上相互支持等。爱情还蕴含着社会义务，家庭和谐、教育、思想意识等因素，会影响社会的安定团结。缺乏义务和责任感的爱情，是不牢靠的。

爱情的交往过程

1. 爱情的初级阶段

常有两种情况，一是邻近吸引萌发爱情，共同的生活小环境是异性接触频率最多的空间，常发生于同学、同事、同行、邻里之间，在异性间的交往即将发展为爱情时，往往会表现出种种蛛丝马迹，主要有：①异性间常眉目传情，所谓"暗送秋波"就是指眼光格外亲切；②常有美化对方的倾向，"情人眼里出西施"，对方一举一动、一言一行，都看起来顺眼，由衷赞美；③力图完善自己，使自己表现得更好，如在对方面前显示自己的才华和能力；④渴望和对方在一起，一日不见，如隔三秋。⑤常防备恋人被他人抢走，看见恋人与别的异性在一起会有嫉妒心理，甚至把同性视为"情敌"；⑥期望在身心上与对方融为一体，双方情感外露，行走时勾肩搭背、旁若无人；⑦希望能为恋人多付出一些，恋人有求必应，有时甚至不惜去做缺乏理智的愚蠢之事。

二是约会发展为爱情。约会可以是经别人介绍，也可以是异性邻近吸引关系的明确化。约会的目的双方是彼此明确的，直接面对面的交谈能够加深了解。有人曾对大学生做过调查，让他们将约会对象的人格、长相、智力、品德按重要性排序，结果是：人格、品德、长相、智力。那么大学生的回答是否符合实际情况呢？研究发现，约会的长相因素男女生是有区别的，长相的吸引力对再次约会的相关系数男生是 0.89、女生是 0.25，就是说男生有 89%重视长相、女生有 25%重视长相，女生更倾向于以其他因素来选择对象。这组数字给我们以启发：对为长相而自卑的女性来说，选爱人的最佳方式应该是从邻近吸引开始，避免介绍约会这种方式；对为长相而自卑的男性来说，应多考虑以能力、相似性来吸引女方；当然，对有理智的约会来说，男女双方都应考虑多接触（约会）几次，因为互补吸引在生活中也是一种很理想的组合。

2. 热恋阶段

这个阶段是约会或初恋的进一步发展。热恋阶段，男女双方彼此感情更为专一，带有更多的关心、尊重、了解及责任，有了拥抱、亲吻、抚摸等行为。热恋有时也会看到单相思的爱，追求对方越无法实现，就爱得越强烈；或者有时发现一方对自己变心不忠时，心中的痛苦反而使他（她）觉得自己更爱对方。热恋中的人常有逆反心理，当父母或他人干涉时，他们可能爱得更强烈，甚至出现私奔、逃婚、自杀等行为。研究表明，有些"难得到"的女性，往往使人心烦意乱，能勾起人们更多的爱，并显得更有吸引力；对于"难得到"的女性，收获者一定是"最有耐心"的男性，而"心比天高，命比纸薄""跑掉的鱼大"，也常是这类女性自我认为的婚姻结局。

3. 婚姻阶段

爱情开花结果阶段，婚姻是法律上承认一对男女有了组织家庭的权利，使性的关系合法化。结婚意味着要对家庭和社会承担义务，同时也要继续发展纯洁坚贞的爱情。

适当的"自我暴露"有助于加深亲密程度

何谓"自我暴露"

一个人对他人的开放性体现在两个方面。一是由初次见面时待人接物的习惯所决定的，这称为社交性。社交能力强的人善于闲谈，但谈话中未必会涉及根本问题。二是由一个人是否愿意将自己的本意、内心展现给他人所决定的，这称为自我展示性。

这两种类型的开放性通常是完全独立的。有些人社交能力很强，他们可以饶有兴趣地与你谈论国际时事、体育新闻、家长里短，可是从来不会表明自己的态度。而你一旦将话题引入略带私密性的问题时，他就会插科打诨，或是一言以蔽之。可见，一个健谈的人，也可能对自身的敏感问题有相当强的抵触心理；相反，有一些人虽不善言辞，却总希望能向对方袒露心声，反而很快能和别人拉近距离。

人之相识，贵在相知；人之相知，贵在知心。要想与别人成为知心朋友，就必须表露自己的真实感情和真实想法，向别人讲心里话，坦率地表白自己、陈述自己、推销自己，这就是自我暴露。

自己处于明处，对方处于暗处，一定不会感到舒服。自己表露情感，对方却讳莫如深，不和你交心，你一定不会对他产生亲切感和信赖感。当一个人向你表白内心深处的感受时，你可以感到对方首先信任你，其次想和你达到情感的沟通。这就会一下子拉近你们的距离。

在生活中，我们会发现有的人知心朋友比较多，虽然他（她）外表看起来不是很擅长社交。这是为什么呢？如果你仔细观察，会发现这样的人一般都有一个特点，就是为人真诚，渴望情感沟通。他们说的话也许不多，但都是真诚的。他们有困难的时候，总能有人来帮助他（她），而且很慷慨。

而有的人，虽然很擅长社交，甚至在交际场中如鱼得水，但是他们却少有知心朋友。因为他们习惯于说场面话，做表面功夫，虽然交朋友又多又快，感情却都不是很深。因为他们虽然说很多话，但是却很少暴露自己的感情。其实人人都不傻，都能直觉地感到对方对自己是出于需要，还是出于情感而来往。

每个人内心深处都有对情感的需要，就好像对食物的需要，是与生俱来的。情感纽带下结成的关系，要比暂时的利益关系更加牢固。

实际上，人和人在情感上多少都会有相通之处。如果你愿意向对方适度袒露，总会发现相互的共同之处，总能和对方建立某种感情的联系。对于可以信任的人吐露秘密，有时会一下子赢得对方的心。

影响"自我暴露"的因素

当人们与自我暴露水平较高的个体交往时，最有可能进行较多的自我暴露。人们常常会回报或模仿他人所欣赏的自我暴露。如与朋友聊天时，朋友讲出心底秘密的同时，我们也愿意做出同等的回馈。

自我暴露与喜欢紧密相连。人们喜欢那些与自己有相同自我暴露水平的人。如果某人的自我暴露比我们暴露自己时更为亲密详细，我们会害怕过早地进入亲密领域，从而产生焦虑。

自我暴露与对方赞同程度紧密相连。获得对方赞同时，我们的自我暴露就多；反之则少。

人际交往中依恋风格对成年人的重要性

四种基本的依恋风格

每个人的依恋风格是不相同的，成人的依恋模式分为安全型、害怕—回避型、专注型与放弃型。

首先，让我们来看看依恋风格积极的一面和消极的一面是如何影响人际行为的。对自我形象有正向评价的人也期望得到别人的喜欢与接受，因而很容易交到朋友。而对自我形象有负向评价的人往往也会认为将得到他人的负面评价，因而害怕建立新关系，很难交到朋友。

再来看一下另一种基本态度，对他人的正向评价可以引起对陌生人的意图与动机做出正向期望——信任。而对他人的负向评价将导致对陌生人的意图与动机产生负面的期望——不信任。这些负面预期会使人担心有被人利用的危险。如果引申巴索罗米乌的概念体系会发现这两个维度可以同时考虑。对自我和对他人的正、负向态度可得出四种依恋风格。那么这四种依恋风格各有哪些特点呢？

安全型的人自尊心高，对他人态度积极，因此他们渴望人际亲密，并在关系中也感到舒适。例如，安全型的人在工作中信任同事，能与别人合作。还有一些研究报告指出，安全型的人与父母关系融洽，并且会使用正向、积极的词语来描述自己过去或现在的家庭生活。与其他风格类型相比，安全型的人性格温和，对人友好，对冲突也抱有积极和建设性的预期。并且，他们最适于建立持久、牢固和愉快的关系。

为什么安全型的人能建立并维持令人满意的人际关系？奥朗德提出了一个重要的原因。她认为"移情"是潜在的一种机制作用。安全型的人有更强的移情，交往时他们不仅能从自己出发，也能从交往对象的角度出发去理解关系。而其他三种类型往往缺乏这种移情能力，所以会造成关系不良。

总之，安全型的人与他人相处融洽，与父母关系亲密，对人际关系评价态度积极。萨夫尔与他的同事指出安全型依恋与"雌雄同体"相似，是阴阳结合的和谐状态。

害怕—回避型的人对自己和他人的态度都不积极。他们尽量减少人际交往、避免亲密关系，以保护自己免于承受被人抛弃的痛苦。害怕—回避型的人描述父母的词多是负面的，往往不等把事情弄明白就开始发怒、产生敌意，与恋人相处时，也很少感到亲密与幸福。这种风格与不良的人际关系、嫉妒感和以排解人际交往焦虑为目的的酗酒等方面有关联。

剩下两种依恋模式是对自己和他人态度不一致的情况。专注型的特点是对自己采取否定态度，却对他人有积极的期待，希望得到别人的爱与接受。因此，这种人在关系中也寻求亲密（有时寻求过度的亲密），但是他们同时又会因为感到自己不值得被人爱，而感到焦虑和羞愧。而这种情况的极端便是对可能遭到的抛弃感到强烈不安。一方面需要爱与赞赏，另一方面又总会怨恨自己，所以当关系出现危机时，这种人很容易产生抑郁。

对自己态度相当正面（有时是很不现实的）是放弃型人的特点，这种人的自我描述与其他人对他们的评价有很大差异。他们会认为自己很有价值、独立性强，值得别人喜欢；但别人对他们却没有如此积极的看法，甚至描述他们为不友好，社交能力有限。大部分问题是因为他们认为别人很差，所以不喜欢真正的亲密，放弃型和害怕—回避型的人都避免与人面对面打交道，而更倾向于用留言、E-mail之类的接触方式。即便是喝酒，他们也喜欢独饮而不是群欢。

依恋风格对行为的影响

一般认为依恋风格很容易在一定程度上影响与人际关爱有关的人际交往行为。例如，在柜台前与店员的交往应该很少或几乎不存在依恋关系，但与恋人的交往则与依恋联系紧密。在加拿大进行的对大学生的一份调查指出，与自己有依恋关系的人平均为 5 人，其中包括家人、恋人和朋友。并且依恋不仅影响对他人的行为反应，还会影响对群体的反应。

有人认为不同依恋风格的人在人际关系中倾向于有不同的思维、感受及行为方式。不同依恋风格对行为的不同影响，部分取决于社会知觉的差异和情感调节能力。例如，在处理关系问题上，专注型的人比安全型的人更倾向于用悲观消极的方式来做出解释，情绪上也有更多的不安。害怕—回避型的人也会用消极的方式来解释交往事件，但不会有不安的情绪，他们通过不去回忆情感体验来进行防御，以免受伤。还比如，与非安全型的人相比，安全型的人对社会情境中的信息进行加工时，更富有好奇心，在做判断时更懂得依赖新信息。

考虑一下另一个与依恋有关的情境。当面对压力时，你会怎样？常见的反应是转移注意力，想点其他的事。例如，想自己重要的人（如父母、好朋友），就能感到安慰，从而减轻焦虑。

马克高旺通过实验验证了这种可能性。在实验中，实验者要求受试者当场做一场演讲，之后又要求他们写一段关于一个熟人或对自己重要的人的文字。实验者在受试者得知演讲之时以及写完描写之后分别对其情绪和焦虑水平进行了测量。结果表明，回想重要的人对有正向自我观念的人（安全型和放弃型）减轻焦虑有明显的帮助，而对有负向自我观念的人（专注型和害怕—回避型）则相反，他们不能从其重要的人那里获得安全感。实际上，对于他们而言，去想一个熟人会更有帮助。因此，马克高旺推论当专注型和害怕—回避型想起对自己重要的人时，他们同时会想到日后的离弃，因此反而增加了焦虑。

在对吸引的相似—不同的研究表明，安全型的人更喜欢与自己相似的陌生人。而奇怪的是，害怕—回避型的人则与相似—不同原则不相符。

对此一个可能的解释认为安全型的人对关系好坏的线索敏感，而害怕—回避型的人则总将关系看得很糟，而不管实际情况如何。对从属需要的研究也表明，对从属需要水平高的人对相似—不同原则更易做出反应，然而水平低的人，则相对对此类信息不感兴趣。

有些令人奇怪的是，在学业能力上，安全型的大学生也要比其他类型的学生平均学分要高。可能的解释认为，安全型的人既然可以和同伴相处愉快，自然也能和教授们处理好关系。这是因为自尊和人际信任都与社会行为有密切关系。然而还有一点应该注意，就是从婴儿或儿童身上观察得到的依恋风格并不能完全预示他（她）成年后的依恋风格。

对事物的基本态度和期望从婴儿时期发展起来之后，可以一直持续到青春期和成年时期，这种提法不十分准确。尽管人生确实存在一种连续性，但对自我和他人的看法（依恋风格）也会因过去经历关系的好坏而发生改变。例如，一份调查表明，交往5个月内，如果恋人之间的情感破裂，那么其安全依恋程度会降低；而反之，如果这段时间内感情仍然很好，则安全依恋程度会增强。

这说明人们依恋风格的持续性或可变性具有个体差异。同时也说明依恋风格会因父母、恋人和好朋友的反应而发生改变。依恋风格应该是决定人际行为的一个重要因素，它对成年人的人际交往具有十分重要的作用，但这绝不是说每次交往的失败都要归咎于出生后的头几个月。

选择合适的心理距离的重要性

美国心理学家莫里斯曾在阅览室进行观察，他发现：阅览室开放后，当第一个人在长椅上坐下，下一个进来的人不会坐在先来者身旁，也不会远远地坐在另一端，而会选择在两者中间坐下，再后进来的人也会按这种模式选择座位，直到最后进来的人在不得已的情况下，才会坐到先来者身旁。这就反映了人们不管走到哪里，"个人空间"的意识都永远存在。

环视地铁车厢中那些坐在椅子上的人，他们总是从座位的两端开始坐起。最先上来的人，必定尽可能地与他人保持一段距离。两边坐满了，人们开始坐距两端最远的中间，直到位置被逐渐填满。这样做便是为了保护自己的个人空间，尊重他人的个人空间。每个人的个人空间可以说是自己身体的延续，不容别人任意侵犯。如果这个空间被侵犯了，你产生的反应，就如同你遭到威胁性触摸所产生的反应一样。

如何处理这个距离，视周围环境和彼此间的关系而定。在宾客众多的酒会上，人们必然会靠得近一些，以便交谈。在公园、办公室和其他社交场合，人们也往往比较靠近。

交往中需要与人保持一定的距离似乎是人人都知道的道理。可最佳的距离是多少？恐怕知道的人就不多了。

最佳距离的远近首先取决于你交往的对象是谁。美国人类学家爱德华·霍尔在《无声的语言》中，制定了一个人际心理距离和空间距离相对应的尺度，用四个区域来表示：

亲密区

距离在 0~46 厘米之间。这个区属于家庭成员、莫逆之交等最亲密的人。在这个区域内，两个人可以互相接触，能嗅到各自身上发出的气味，说话一般轻声细语。这个距离尤其适用对机体的抚慰。两人一旦处于亲密区的距离，就会排斥第三者的加入。

当一对莫逆之交正在促膝谈心，有一个第三者无故插进来，这会被看成极不知趣之举。假如你到一个不必对号入座的剧场观看演出，如果还有许多空位子，你就不会在一个陌生人身边坐下。

熟人区

距离 46~120 厘米。又分为两个层次，一是 46~60 厘米，这是私人的空间距离。夫妻或情侣之间可以在这个距离中自由来往，如果别的女人试图和一个男人这样做，那这个男人的妻子必定大发雷霆。二是 60~120 厘米，老同学、老同事、关系融洽的隔壁邻居之间的距离就属于这个距离。当我们向人吐露心声时，差不多总在这个距离内进行。这个区域的话题可以或多或少地涉及秘密，而且全部是个人的、与双方有关的事宜。

社交区

距离 120~360 厘米。也分为两个层次：一是 120~210 厘米。如在办公室里，一起共事的人总是保持这个距离进行一般性交谈，分享与个人无关的信息。二是 210 厘米 ~360 厘米，如正式会谈时，人们一般都保持这个距离。这个距离内目光的接触比交谈更重要，没有目光的接触，交谈的一方会感到被排斥于外，也许会导致交谈中断。进入这个区域的人彼此相识，但不熟悉；交谈内容多半是事务性的，不含感情成分。

公共区

距离在 360 厘米以上，完全超出了可与他人进行深入交流的范围。演讲者与听众，非正式的场合以及人们之间极为生硬的交谈都保持这个距离。

但是，正如霍尔教授所说的，一个人的个人空间像一个"气仓"，它紧紧地跟随着一个人，在不同的环境下会扩大或缩小。假设在高峰时的公共汽车里，如果人坐在一个双人座上，即使他的身体几乎与另一个人的身体相触，旁边的那个人也是不会走开的。如果这种情况发生在公园、阅览室等地方，那人早就会自觉地起身离开了，从中可见一个人的个人空间之变动。在拥挤的公共汽车里，一个人的个人空间就会缩小到最低点。

另外，最佳距离的远近还与交往者的文化背景有关。比如你如果与一位美国人交谈，距离不得小于 60 厘米，否则他会觉得你不友好。

第八章

如何改变他人的行为

测试：你的人际关系优势

你最好的朋友即将要移民到英国去了，过两天刚好是他的生日，你为他办了一场生日惜别会，在惜别会中你最想对他说的话是什么？

A. 你要常常和我联络　　　　B. 有空要常回来看我

C. 有机会我一定会去找你　　D. 我会想念你的

完全解析

选择 A：你在朋友圈子里是个阳光型的人物，大家会亲切地叫你"乐天派"。你不仅能从容地面对所有的问题，还能把这种力量传递给朋友和亲人。和你在一起时，大家都会被你的自信和快乐传染，仿佛一切烦恼迎刃而解。

选择 B：你比较理性、聪明并且有主见，有时会让别人觉得你有一点强势。朋友们遇到困难时，你能运用自己的聪明才智，帮大家渡过难关。

选择 C：你很感性，人缘很好。你善解人意、温柔贴心，与你相处时，朋友们都感觉轻松自在，如沐春风。当朋友们受到伤害时，你的善良和热情又是一剂良药，因此，你在人际交往中的受欢迎程度是毋庸置疑的。

选择 D：你成熟且理智，目标明确，思路清晰，不会被别人的意见或看法所左右。自己或朋友遇到麻烦时，你会冷静地分析和判断，抽丝剥茧，寻找最好的解决方案。因此，你是大家心目中最佳的领导型人选。

在人际交往中，我们每个人都希望别人能够按照自己的意愿去做，但每个人都是一个独立的个体，都不希望被别人所指挥。如何解决二者之间的矛盾？只要你能掌握一定的心理学技巧，会让别人在不知不觉中接受你的建议的，而他本人却没有丝毫的被指挥感。

改变他人行为得先悦纳他人

要想改变他人行为，首先是应该悦纳他人，悦纳你的同事、同学以及和你相处的人们。一个单位和一个集体，是由各种各样的人组成的，这些人会有不同的性格、兴趣爱好与生活习惯。有的人热情开朗，有的人沉静稳重，有的人性子急躁，有的人心胸狭窄。就是在一个家庭里，也可能有着各种不同个性的家庭成员。我们面对这许多不同性格的人，应该怎样使他人乐于按照你的意愿行事呢？悦纳他人，满怀热忱地和人们相处，包容并且诚心地尊重别人与自己不同的性格、兴趣和生活方式，还要主动地了解别人的性格特征，熟悉别人的生活习惯，在这个基础上打造和谐融洽的人际环境。有的人同事关系紧张常常是因为不喜欢同事的个性而产生了一些矛盾纠纷，在工作上不能很好地合作，甚至互相为难；反之，对于自己合得来的人，则不惜牺牲原则，给予种种方便。如果采取的是这种方法，当然会招致不良的后果。正确的态度是应该抛弃个人的成见，即使对某个同事有不好的看法，不喜欢与他（她）私下相处，但在工作上也应该保持合作的关系，绝不故意为难。最好还应该在工作上多关心他，帮助他解决困难，同心协力做好工作。另外，对私人交情好的同事、朋友，也不能放弃原则，姑息、迁就他们的缺点与错误。这既是对朋友人格的负责，也是对自己人格负责。倘若我们能够这样做，日久天长，就必定可以得到别人的信任，并确立自己的威信，建立良好的人际关系，使他人乐于听从你的意见。

悦纳他人还应该做到"乐道人之善"。对待同事、朋友，要多看人家的长处，多学别人的优点。不少公司都可以见到这样一种人：他对自己所做的工作一点一滴都记在心头、挂在嘴上，挑别人的毛病也绝无遗漏，说起来如数家珍。而对自己的毛病、别人的长处，则一概缄口不语。这种人往往为人们嗤之以鼻。乐道人之善，一方面要注意不能因为自己比别人做的工作多一点或能力强一点，就沾沾自喜，瞧不起别人。另一方面还要善于发现别人的优点、长处，对人家的工作成绩多加褒扬。这样，不仅显示出了自己虚怀若谷的风度，有益于人际团结，对自己的成长与进步也大有好处。当然，对自己的评价，对道别人之善，都应该是实事求是、恰如其分，如果不顾事实或夸大事实，效果就可能适得其反，也有损自己的人格。

让他人乐于顺从的技术

在现实生活中，我们经常向他人提出种种要求，希望他人顺从我们的观点和行为，我们自己也经常顺从他人的意愿。因此，顺从是一种人与人之间发生相互影响的基本方法之一。为什么人们会顺从他人的请求呢？主要原因有：维护群体一致，希望被人喜欢，维护既有关系等。

如何激发他人的顺从？社会心理学家对此进行了深入的研究，提出了一些行之有效的策略。这些策略主要是从销售方法发展演化而来的，但其运用范围已经远远超出销售的领域。

留面子技术

我们在现实生活中可能都会遇到这种留面子技术，它的基本过程是先来一个肯定会遭拒绝的大的要求，接着再来一个小的，这种技术实际上是和登门槛技术相反的。留面子开始提出的奇特的要求会说服顾客更易接受后面较小的要求。

社会心理学家罗勃特·希尔蒂尼所做的实验研究说明了留面子技术的功用。在实验研究中，研究者接近大学生，并提出作为青年的代表，让他们做一件没有工资的工作，即为少年犯当顾问，每星期 2 个小时，至少两年。毫无疑问，没有一个人答应这样的请求。接着，他们又提出小一些的要求，即带着少年犯到动物园游玩 2 个小时，有一半学生同意，相比于控制组开始没有被要求给予大的支持时，只有 17% 的人愿意监护少年犯游动物园。

留面子技术是很普遍的，在生活中也许你向父母要求一件比较大的东西，其实目的是希望他们会同意一个接下来你真正想要的东西。

实践证明，留面子技术是很有效的，这是因为要求者和对象之间有一个相互的让步，相互让步就是要求者采取一个折中的办法，如可以减少起初要求的数目，便也引起被要求对象的让步，结果是人们将会更愿意接受稍小一些的要求，很明显，这样相互的让步法则要有一个互惠原则，即我们会帮助那些帮助过我们的人。

除了相互让步原则，还有一个原因也有助于留面子技术生效，例如，自我表现也起作用。当请求不合理时，一开始就拒绝请求的人，害怕被人看作不愿屈就的人，是不愿帮助别人的人。当第二步比较合理的请求呈现时，他们会感到有些压力，为了避免那些不利的称号而产生依从。

最后，留面子技术的生效可能还来自理解因素，在心理销售课上，有一个理解对比现象，即感觉对比现象：给人呈现一个强烈的刺激后，一个新的模糊刺激将会比单独呈现看起来要弱一些。

运用这个理论来解释留面子技术，开始呈现一个大的要求将会使第二个要求看起来更合理，因此，人们将会更愿意去接受。

折扣技术

"这双鞋价格90元，但如果你真的想要，我给你优惠价——80元。"

你可能已经听说过销售打折的计谋，但是你可能没有想过，要是让你一开始就以80元定价买，你会接受吗？

折扣技术是先给顾客一个价格，通常都是膨胀了的，然后销售员再立即拿出一个推动力——打折或抽奖，来咬紧这个价格，虽然这种方法看起来很直接，一目了然，但也是行之有效的。

例如，在一个实验中，实验研究员在校园里卖小蛋糕，一处的小蛋糕卖7角,而在另一处标价是1元,但因为打折降到7角,你可以猜想得到,打折的蛋糕比常规标价的那家要卖得快。

低球技术

低球技术是指开始达成一个协议,然后卖主再增加额外要求。低球效应发生是因为它符合顾客做决定的过程,我们只是在开始的价格上表达了一下自己的意见,我们会考虑价格的利和弊,但我们最终得出一个结论时,更倾向于强调价格的合理之处,以确信自己的决定。事实上,我们可能会过分强调好处,使我们决策后的认知达到协调。

而当销售员还没有决定最后的交易价格时,我们在认知上却很盲目地回想谈妥的价格的合理性。当销售员请示经理后带着价格已升高的消息返回时,我们会拿出诱因,典型的反映是:告诉我们自己,不管价格多高,仍然是合理的,我们不应给予拒绝。

低球效应的另一个原因是:好的销售员不断地尝试让你喜欢他们,让你感觉你们两人之间有一种友好的关系,这样,你就可以接受比较高的价格,因为你感觉这已不是销售员的本意,而是经理的主意,这样由于你对销售员有好的感觉,从而接受了价格的变动。

登门槛技术

美国销售员福勒·布拉斯曾经一家家登门销售过清洁剂,那段时间家庭主妇非常欢迎他,因为他每次去的时候总带一些小但却很有用的礼物送给她们。送一些小小的礼物是公司应用一个较好的人际交往的技巧,同样,它也证明了社会影响手段的运用以提高商业贸易的可能性,销售员要求的很少,甚至免费赠送,然后进而再要求一个较大的利益,比如清洁剂的推销,这是迈向成功推销的一个手段。

以上所应用的人际交往的技巧就叫作登门槛技术，是指先向顾客要求他们同意一个小小的请求，过后再要求他们依从一个更重要的有目的的请求。结果证明，如果一个人同意了开始的请求，接着一般都可能会更愿意接受更大的要求。

　　这种登门槛技术最先被社会心理学家乔纳森·富雷德蒙和斯克特·富莱舍尔在实验研究中描绘出来，在他们的实验中，他们一家一家上门请求居民同意一个请愿，以利于交通安全，几乎每一个人都依从了这个小小的和善的请求。等过了几周后，一个不同的实验者又重新和这些居民联系，提出一个稍大的请求：是否能够在他们家前面的草坪上竖一个注意行车安全的警示牌，奇怪的是起先接受小请求的大多数人都接受了第二个请求，相比而言，那些开始没有被要求请愿的人只有17%同意在他们的草坪上竖一个警示牌。

　　上面的研究不仅证实了登门槛的初步结论，而且增加了一些理论：初步要求越大，下一步期待的依从也越大，虽然登门槛技术并不总是像富雷德蒙和富莱舍尔预期的那样有效，但它却是真实的。这种策略有效的原因是什么呢？

　　有几种理论可供参考，其一，接受一个小小的请求可以导致人们对这件事培养兴趣，接受了一个东西，虽然是无足轻重的，但也让他们认为自己忠于这件活动，因而增加了后来会依从的可能性。

　　另一个原因是与自我理解力有关的。开始接受了或依从了这个小小的请求，便要求人们在一定程度上把自己的行为和开始的行为保持一致，例如，上面的实验中他们接受了第一个请求之后，会把自己看成一个带着兴趣参加社会交通安全活动的积极分子，这一种自我认识上的改变可能会增加后来更大请求的依从的可能性。

恪守承诺才能使他人信服

在人与人的交往中，中华民族历来都把信用看得非常重要。《论语》中有："与朋友交，言而有信。"程颐说："人无忠信，不可立于世。"还有"一言既出，驷马难追""一诺千金"等，讲的都是一个意思："言而有信"。在人际交往中，我们也只有恪守承诺，才能使他人信服于我们。

从古至今，能够恪守承诺的人受到人们的欢迎和赞颂。而不能做到这点的人则受到人们的斥责和唾骂，李白曾在他的《长干行》一诗中写过这么两句："常存抱柱信，岂上望夫台。"所谓"抱柱信"是说一个叫尾生的男子和一个淑女一天在桥下约会，到约会的时候，女子还没来，河里就开始涨水了。尾生为了不失信用，宁可抱住桥柱也不走，直至被水淹死。所谓"望夫台"是说丈夫在外，约定某年某月归来，但是没有实现诺言，妻子总是站在台上望着丈夫归来。这些典故都是倡导人们要讲信用。

在当今社会，信守承诺依然被人们所推崇。《中国青年报》曾连续报道过清华大学思想政治工作的经验。其中讲了这样一个故事：

一天深夜，一位校党委副书记接到学生的电话，学生问："我们宿舍楼的厕所坏了，你们当领导的管不管？""管！"于是，他连夜找到校总务长，带领后勤人员赶到现场，疏通了厕所。第二天清晨，当同学们发现厕所畅通，楼道干干净净时，连连称赞校领导"言而有信"。

失信则失民心，失民心者则必败。这一点，古今的统治者都是非常清楚的。

公元前408年，魏文侯拜乐羊为大将，率领5万人去攻打中山国。

当时乐羊的儿子乐舒在中山国做官，中山国国君姬窟利用这一父子关系，一再要求乐舒去请求宽延攻城时间，乐羊为了减少中山国百姓们受害，连续三次答应了乐舒的请求。如此，三个月过去了，乐羊还不攻城。这时西门豹沉不住气了，询问乐羊为何迟迟不攻城？乐羊解释说："我再三宽延，不是为了顾及父子之情，而是为了收民心，让老百姓知道他们的国君三番五次地失信。"果然，由于中山国国君的一再失信，失去了老百姓的支持，结果一战即败。

由此可见，在人与人相处中，讲信用是非常重要的一个交往原则。与他人交往时，说真话不说假话、遵守诺言、实践诺言、言行一致、表里如一，周围的人就愿与你进行正常的交往。然而处于复杂的社会中，有时守信并不一定会助我们成功，说谎有时反而会对自己有利，如果没有什么波折，甚至会被视为有能耐的人。由此看来，背信弃义在人际交往中似乎有它一定的价值，但这只不过是一种短期的社会行为。老舍先生曾说过："守信的人所以失败并非因守信而失败，而狡诈弃信的人所以成功，也并非因狡诈弃信而成功。"这是一句值得大家深思的话。的确，恪守承诺是我们立于这个社会的上上之策，是人与人相互交往中最高贵的情操，也是使他人能够信服于你的重要条件。

互惠：使他人乐于改变的策略

互惠原理的威力在于，即使是一个陌生人，或者是一个不讨人喜欢或不受欢迎的人，如果先施予我们一点小小的恩惠然后再提出自己的要求，也会大大提高我们答应这个要求的可能。

在第一次世界大战中，有一群德国特种兵接到任务，深入敌后抓敌军回来审讯。

当时打的是堑壕战，大队人马要想穿过两军对垒前沿的无人区，是十分困难的。但是一个士兵悄悄爬过去，溜进敌人的战壕，相对来说就比较容易了。参战双方都有这方面的特种兵，经常派去抓一个敌军的士兵，然后带回来审讯。

有一个德军特种兵以前曾多次成功地完成这样的任务，这次他又出发了。他很熟练地穿过两军之间的地域，出乎意料地出现在敌军战壕中。

一个落单的士兵正在吃东西，毫无戒备，一下子就被缴了械。他手中还举着刚才正在吃的面包，这时，他本能地把一些面包递给对面突然而降的敌人。这也许是他一生中做的最正确的一件事了。

面前的德国兵忽然被这个举动打动了，并导致了他奇特的行为——他没有俘虏这个敌军士兵回去，而是自己回去了，虽然他知道回去后上司会大发雷霆。

这个德国兵为什么这么容易就被一块面包打动呢？人的心理其实是很微妙的。人一般有一种心理，就是得到别人的好处或好意后，就想要回报对方。虽然德国兵从对手那里得到的只是一块面包，或者他根本没有要那个面包，但是他感受到了对方对他的一种善意，即使这善意中包含着一种恳求。但这毕竟是一种善意，是很自然地表达出来的，于是在一瞬间打动了他。他在心里觉得，无论如何不能把一个对自己好的人当俘虏抓回去，甚至要了他的命。

其实这个德国兵不知不觉地受到了心理学上"互惠原理"的左右。这种得到对方的恩惠，就一定要报答的心理，就是"互惠原理"，这是人类社会中根深蒂固的一个行为准则。

一位心理学教授做过一个小小的实验，证明了这个定律。他在一群素不相识的人中随机抽样，给挑选出来的人寄去了圣诞卡片。虽然他也估计会有一些回音，但却没有想到大部分收到卡片的人都给他回了一张。而其实他们都不认识他。

给他回赠卡片的人，根本就没有想到过打听一下这个陌生的教授到底是谁。他们收到卡片，自动就回赠了一张。也许他们想，可能自己忘了这个教授是谁了，或者这个教授有什么原因才给自己寄卡片。不管怎样，自己不能欠人家的情，给人家回寄一张总是没有错的。

互惠原理是人类社会永恒的法则，它是各种交易和交往得以存在的基础。

互惠原理认为，我们应该尽量以相同的方式回报他人为我们所做的一切。

如果一个人帮了我们一次忙，我们也应该帮他一次；如果一个人送了我们一件生日礼物，我们也应该记住他的生日，届时也给他买一件礼物；如果一对夫妇邀请我们参加了一个聚会，我们也一定要记得邀请他们到我们这儿来聚会。

由于互惠原理的影响力，我们感到自己有义务在将来回报我们收到的恩惠、礼物、邀请，等等。人与人之间的互动，就如坐跷跷板一样，不能永远固定某一端，而是要高低交替。一个永远不肯吃亏、不肯让步、不与别人互惠的人，即使真正赢了、讨到了不少好处，从长远来看，他一定是输家，因为没有人愿和他玩下去了。互惠原理是你我在同事、朋友、恋人、夫妻等间相处时，不可缺少的一门艺术。

在我国古代讲究的礼尚往来，就是互惠原理的一种表现。

一个人向朋友请教一件事，两人聚会吃饭，那么账单就理所当然应由请教人的这个人付，因为他是有求于人的一方。如果他不懂这个道理，反而让对方付，就很不得体。

在不是很熟悉的朋友之间，你求别人办事，如果没有及时地回报，下一次又求人家，就显得不太自然。因为人家会怀疑你是否有回报的意识，是否感激他对你的付出。及时地回报，可以表明自己是知恩图报的人，有利于相互的继续交往。

而且如果不及时回报，会给你带来一些麻烦。你一直欠着这个情，如果对方突然有一件事反过来求你，而你又觉得不太好办的话，就很难拒绝了。可以说，及时回报，可以表明自己是知恩图报的人，这样有利于相互的继续交往。

当然，在关系很亲密的朋友之间，就不一定要马上回报，那样可能反而显得生疏。但也不等于不回报，只是时间久一些，或等到有机会再回报。

朋友间维护友谊要遵循互惠原理，恋人之间也是如此。其实世上没有绝对无私奉献的爱情，不像歌里和诗里表现的那样。爱情也是讲求互惠互利的，双方需要保持一个利益的平衡。如果平衡被严重打破，就可能导致关系破裂。

国与国之间更需要互惠互利，有这样一个案例：

在 1985 年，埃塞俄比亚可以说是世界上最贫困的国家之一。它的经济崩溃了，连年的旱灾和内战将食物破坏殆尽，人民由于疾病和饥饿在成百上千地死去。在这种情况下，如果有 5 000 美元的捐款从墨西哥送到这个处于水深火热中的国家，估计任何人也不会感到奇怪。

但是报纸上的一条简短的新闻却让人跌破眼镜：这两个国家之间的确是有一笔 5 000 美元的捐款，但捐款人和受惠者却与一般人设想的相反，是埃塞俄比亚红十字会的官员决定捐这笔钱给墨西哥，而受惠的人是当年墨西哥城地震中的受害者。

这是什么原因呢？事情的原委是这样的：虽然埃塞俄比亚自己手头也很紧，但他们还是决定捐钱给墨西哥。因为在 1935 年，当埃塞俄比亚受到意大利的侵略时，墨西哥也曾经给埃塞俄比亚提供过援助。

这个事件证明了互惠原理的权威性。显然，互惠的原理战胜了文化的巨大差异、遥远的地理距离、极度的贫困饥荒和自己的切身利益。

著名的考古学家理查德·李凯认为，人类之所以称其为人类，互惠原理功不可没。他说："我们人类社会能发展成为今天的样子，是因为我们的祖先学会了在一个以名誉作担保的义务偿还网中，分享他们的食物和技能。"正是由于有了这样一张网，才会有劳动的分工和不同商品的交换。互相交换服务使人们得以发展自己在某一方面的技能，成为这方面的专家和能手，也使许多互相依赖的个体得以结合成一个高效率的社会单元，从而推动了社会的进步。

互惠意识之所以能够促使社会进步，关键在于这种意识的未来性。面向未来的价值取向在人类社会的进步中所起的作用是不可低估的。这意味着人们在与别人分享某些东西（比如食物、能源、关怀）的时候，可以确信这一切都不会被遗忘。人类在进化的过程中达到了这样一种文明程度：当一个人将财物等资源分给他人时，其实并没有真正地将这些东西失去。

结果，那些以一方向另一方提供资源为开端的交易变得容易起来，错综复杂而又井然有序的援助、防御和贸易体系也成为可能，这些都给社会带来了巨大的利益。这也难怪互惠原理会成为深深根植于我们心目中的价值观。

改变他人的基本心理战术

从他人立场出发考虑问题

《点石成金》一书的作者古德说："当你处理自己的事，有谨慎的反应，暂且停下一会儿，把你对别人的一点关怀，做一个小小的比较，你将会明了人与人的关系。"换句话说，若要使他人乐于按照你的意愿去行事，就应该从他人的立场出发考虑问题。

美国著名人际关系大师戴尔·卡耐基描述了这样一段他自己的经历：

我常常在家附近的一座公园内散步，作为消遣。因此我渐渐对花木起了爱护之心，每当有火烧树林的消息传来，我的心里便会感到十分难过。

树林起火的原因大多是孩子们在林间生火玩耍造成的。有时火烧得相当大，非得借助消防队才可扑灭。虽然这座公园内立着一块警告牌：纵火者将受到的处罚……但是因地处偏僻，警察又疏于管理，以至于公园内火灾频繁。

记得有一次，我匆匆地跑去告诉警察，公园内有火星在扩散，请他立即通知消防队前来扑灭。可是他却摆出一副漠不关心的态度。他说那不是他负责的管区。

自从那次后，我便常常骑着马，由自己来担任维护公产的职司。最初，我一看到孩子们在树下生火野餐时，就会立即跑过去，用严厉的口吻恐吓他们：在树下生火将会被拘捕关禁，要他们马上将火熄灭。其实，我不该这样做的，因为我这样做只是宣泄了内心里的情感，<u>丝毫没有考虑孩子们的感受</u>。他们虽然照着我的话做了，但心里却很不是滋味。所以，我一离开后，他们又把火点了起来。

几年后，我开始感到该向别人多学学怎样以他人的观点去批判、观看一件事物。于是我不再去命令别人。我在公园里再遇到玩火的孩子，就对他们说："嗨！小伙子们，你们玩得还高兴吗？你们要拿什么做野餐呢？我小的时候，也和你们一样，喜欢在野外生火做饭，现在回想起来还是挺有意思的。但是你们可别忘了，在公园内生火是很危险的，我知道你们不会惹麻烦，因为你们都是好孩子，而其他的孩子们看到你们在生火，必然也会跟着玩起火来，回家的时候未把火熄灭，将会导致树叶、树木被火星所引燃，而发生火灾。要知道，若我们不好好爱护花草树木，这公园内会没有树木了。你们大概不知道，在公园内玩火是会坐牢的。我不打算干涉你们，只希望你们别把火靠近干树叶，并且在回家时，别忘了将火熄灭。假如你们下回还想玩时，我建议你们去那边沙滩上玩，在那里就不会有什么危险，谢谢你们的合作，祝你们玩得愉快。"

这样说，效果真的很惊人，孩子们都很乐意跟我合作。他们不但没有埋怨及反感，也不会感到被人强迫服从命令，而认为他们保全了面子与自尊。不但我觉得满意，他们也觉得高兴，那是因为我考虑到了他们的立场。

我们假如期望别人去完成一件事，不妨以对方的观点来想一想，默问自己："他这样做的用意何在呢？"虽然那是很耗时及麻烦的，但那样做的话将会减少很多摩擦和不愉快，因而获得更多的友谊。

哈佛大学商学院院长杨海姆说："我要与人会谈前，会在办公室外来回地走上2个小时，把我想说的话想得更通顺、更有条理。并以他的立场，想他会如何回答我⋯⋯我不会贸然地往办公室内冲。"

因此，你若想赢得别人对你的赞同，就必须做到：从他人立场出发去考虑问题，审察事件。

试试激将法

如果想改变他人的行为，你不妨来试试激将法。因为求胜的欲望和挑战的心理，对一个有志气的人来说，常常是最有效的。

如果不是因为有这样的"挑战"，罗斯福就不可能坐上总统的宝座。这位勇敢的骑士，刚从古巴回来，已被推为纽约州州长的候选人。但是他的反对党却指出：罗斯福不是纽约合法的居民。他知道以后，心里很恐慌，准备退出竞选。党魁伯拉德用了激将法，他转身向罗斯福大声说："难道说所谓的英雄，竟是一个弱者？"

就是为了这句话，罗斯福才挺身而出，跟反对党对抗到底……此后的种种演变，历史上都有详细的记载。这次的"挑战"不只是改变了罗斯福的一生，对美国的历史也产生了极大的影响。

鬼岛西端有一座恶名昭彰的"猩猩监狱"，那里面没有监狱长，凶狠的人犯随时都有制造危险事件的可能。史密斯迫切需要一位勇敢、坚毅的人来治理他辖区的这座监狱。可是，又有谁能胜任这个职位呢？他很快地把纽海波顿的劳斯叫来。当劳斯站在他面前时，他神情愉快地说："去照顾'猩猩'如何？那里需要一位有经验的人！"劳斯顿时坐立不安……他知道"猩猩监狱"的情形，那里有多么危险……随时会受到政局的影响。那里的监狱长一再地更换，从来就没有一个能做上三个星期的……他得考虑自己的事业前途，那值得他去冒险吗？

史密斯见他那副犹疑不决的样子，微笑着说："年轻人，我不怪你感到害怕……是的，那边的确不是一个安稳的地方，那需要一个有才干的大人物，才能有这份魄力去做的。"

很显然，这是史密斯州长下的一个挑战。

劳斯的心马上就有了一种希望去尝试做一个"大人物"工作的意念。于是，他答应去了。同时，他在那里长久地干了下去，结果，他成为最著名的"猩猩监狱"的监狱长。劳斯后来完成了一本《猩猩两万年》的作品，一时洛阳纸贵、风行全国，并且在电台广播，拍成好多部电影。这本书是他在"猩猩监狱"工作的故事，他对罪犯"人道化"管理的见解成了不少监狱改革的范本。

菲司顿橡胶公司的创办人菲司顿曾说过："千万别认为高薪就可笼络人才来卖力工作，只有竞争才能让他们发挥最大的工作能力。"

这也就是所有的成功者喜欢的竞技，这是表现自己的最好的机会，得以证明他与众不同的能力。所以，如果你希望别人能够按照你的愿望去行事，那就必须记住：不妨试试激将法！

第九章

在人际交往中
找到归属感

测试：你是否合群

在充满艺术气息的秋天，如果你和你的朋友第一次去参观美术馆，进门后有左、中、右三个方向，你会从哪里开始参观呢？透过参观的顺序来看一看你是否是个合群的人。

A. 进门后向右参观

B. 进门后直行

C. 进门后向左参观

完全解析

选择 A：你是个自得其乐的人，不想引人注目。你善于自己平衡个人的不平与不满。大多数情况下，你不违反大众认可的意见，并能快速融入群体。"不求有功，但求无过"是你的人生信条，这种态度其实非常消极，你要注意适时调整。

选择 B：你是个"直肠子"，喜欢直截了当。不过，你行事常常缺乏计划性，走一步算一步。总之，你是个乐天知命者，不在乎细枝末节。

选择 C：你极不合群。你充满反抗情绪，并宣称自己"有个性"。实际上，你与人交往时比常人敏感，有时往往是懦弱的。总之，你排斥别人，只认同自己的想法。

每个人都离不开人际交往，人们都希望通过人际交往找到归属感，这是人际交往的另一个至高境界。但是如何才能通过人际交往找到归属感呢？这里面也有一定的技巧和方法可循。

个人通过人际交往归属于某种群体

群体的本质与特点

在现实的生活中，我们每个人都必然归属于某种群体，不管这种群体是家庭、学校，还是朋友或同事。在马斯洛的需要理论中，我们的这种归属倾向被归为人类的五种基本需要之一。我们每一个人都在群体中生活，也离不开群体。那么应该如何理解群体的本质呢？群体又有哪些特点呢？

1. 群体的本质

群体是个体的有机组合，这是我们理解群体本质的基本命题。个体是具有特定个性——自然属性和社会属性——可以独立活动的实体。就其物质属性而言，个体具有动物的一切属性：新陈代谢、从外界吸取养分以维持有机体的生命活动。从社会系统来看，个体（个人）是社会的细胞，正如马克思所说，在现实性上，它是一切社会关系的总和。因此，人们所处的社会关系不同，他所具有的个性也不一样。

（1）群体不同于人群。在社会心理的研究中，群体是有着特殊内涵的。并不是任何聚集在一起的人们，都能够称之为群体。也就是说，群体与一般所见的人群是不同的。因为人群是个体无序的聚合。偶尔在一起乘电梯的几个人，在马路上围观某一事物的人们，凭票进入电影院看电影的观众，都是游离的个体无序的聚合，都可以称为人群。然而，群体则是由于某些相同的社会、心理原因，以特定的方式组合起来的人群，如民族、社区、家庭、家族、学校、班级、社团、工作单位等，它们都可以称为群体。群体不是个体无序的聚合，而是个体有机的组合。

（2）群体中成员的相互作用。群体成员的相互作用，是群体产生和存在的基础与条件。群体是个体的有机组合，人们之间的相互作用是促进这种组合的黏合剂。人们为了进行共同的活动，需要彼此间的相互作用。这种作用，不仅促进了人们之间的相互合作，也使人们逐渐形成了共同的态度和情感。

诚然，许多正式群体的建立，都必须符合组织规范的要求。从某种意义上说，也反映了上级主管部门的"意见"。然而，上级主管的意志，可以把一些人集合在一起，也可以指定其中的一些人充当一定的角色，但这种集合起来的人们，既不具有共同的态度和情感，也没有共同的目标和一致行为。这仅仅是一种归类，无异于把全世界最优秀的足球运动员的名字排在一起。只有集合起来的人们有共同的目标和活动，并且为了活动的协调而相互作用，在相互作用中产生了相互的了解和信任，形成了共同的态度和情感以后，才能够说真正形成了群体。

（3）群体是个体活动的舞台。群体是人们生活、学习和工作的舞台，群体的活动是人们生活的基本方式和基本内容。个人只有属于一定的群体，才能获得生存和发展。

我们每一个人从呱呱坠地的第一天起，就是家庭这个特定群体中的一员；稍大以后，进入了学校成了学生，于是又归属于一定的学校和班级；成年以后参加了工作，又归属于某一单位。同时，我们也是某一民族的一分子，归属于特定民族；在特定的社会关系中生活，又归属于某一个阶级（阶层）。不仅如此，参与群体的活动是人们社会生活的基本方式和基本内容。个人只有归属于一定的群体，才能参与社会生活，才能获得生存和发展，才能完善自己的人格，才能实现自己的价值。因此，社会心理学家认为，尽管每个人的行为千差万别，形形色色，但归根结底离不开社会生活条件和社会关系、离不开群体。

2. 群体的基本特点

群体是个体有机的组合。在这种理解的基础上，我们可以分析群体的基本特点。

（1）群体的成员具有共同的社会心理特点。凡是同一群体的成员，都必然具有某种或某些相同的社会心理特点。比如，具有某种共同的社会文化背景，具有某种共同的心理需要，具有某种共同的态度和情感，或者具有"我们同属于一个群体"的基本感受。

（2）有共同的目标和活动。在任何一个群体中，该群体的成员都将具有某种共同的目标和共同的社会行为。群体目标是群体生活的一个关键，有时也是群体之所以存在或形成的基本理由。为了实现共同的目标，群体成员的行为可以高度一致。

（3）有一定的组织结构。群体不是个体无序的聚合，是按照一定的规范建立起来的有机的组织系统。它不仅有一定的组织结构，而且每个成员都被按照一定的要求组织起来。在群体中，每一个人都处于一定的地位之中，充当着一定的角色，承担着一定的责任，享受着一定的权利。

（4）有调节行为的规范。群体为了使全体成员有一致的行为，对行为允许的范围有一定的规范。群体中的规范，对群体成员有着很强的约束力。群体规范的违反者，不仅会受到集体舆论的谴责，严重的还会被群体孤立起来或受到一定的惩罚。群体的组织纪律、作风、传统、守则、活动目标、操作规程等，都是调节群体成员规范的体现。

（5）成员之间心理相容程度比较高。在群体中，尤其是在运作正常的群体中，群体成员之间的相容与接受程度较高，成员之间不仅能够在生活、学习、工作等方面相互关心、相互帮助、相互尊重、团结协作，而且在思想、感情、观点、信念上都趋于一致，对群体都富有责任感、荣誉感、自豪感、依恋感等肯定的情感体验。这些都表明成员之间的相容程度比较高。

总而言之，群体是个体的有机组合，个体是组成群体的细胞，没有个体就没有群体。群体心理是个体心理的集中表现，群体的社会职能也只有通过个体才能实现。

群体对个体的影响

群体中每一成员的心理状况都与其他成员息息相关，也与群体本身的特点密切联系。群体对成员的影响主要表现在以下几个方面。

1. 社会助长作用与致弱作用

所谓社会助长作用，是指许多人在一起工作，可以促进个人活动的效率；若有许多人在一起工作，往往会降低个人活动效率，这就是社会致弱作用。

如果大家一起进行活动或一起比赛，其效果比单独活动要好得多，如赛跑、歌咏比赛比个人跑步和歌唱会更好些，这称为"共同行为者效果"。

有些人在群体条件下的工作不如个人单独时做得好，有些人越是在人多的情况下其工作效果越好。一位新教师在课前做了许多准备工作，一遍遍地对着镜子试讲，自己感觉很满意，语言流畅，表情自如，可是一上讲台，面对全班几十双眼睛，马上感到紧张心慌、手足无措、汗流浃背；老教师上讲台却不然。有不少运动员、演员在许多观众面前的表演非常成功，而且观众越多，情绪越热烈，其效果越好，这称为"观众效果"。

群体对个人活动发生社会助长作用还是社会致弱作用，取决于以下几个因素。

（1）活动内容的难易。如果个人所从事的活动是简单的机械操作或手工操作，则有其他成员在场时，会使活动者工作得更加出色；如果所从事的活动是学习并需要进行一系列复杂的判断推理的思维活动，则其他成员的在场将会发生干扰作用。

（2）竞赛动机的激发。人们都有一种求成动机，希望把自己的才能与潜力发挥出来，这种动机对一个人的活动将会产生巨大的推动作用。求成动机越强烈，其推动的力量也就越大。求成动机在群体情况下的作用尤为明显，个人与群体内各成员共同作业时，求成动机表现为竞赛动机，希望自己的作业比其他成员做得更好，这种动力可以激励自己全力以赴，以获得成绩。即使只有两个人在一起工作，不作为竞赛，个人成绩也比在单独情况下要好，因为双方都不甘示弱，都在暗自使劲，而在单独条件下，缺乏较量的对手，劲头自然不足。

（3）外界刺激的干扰。有时候，在群体活动时，还会发生外界刺激的干扰作用。一般来说，他人的在场对个人活动也有不利的一面，即干扰活动者的注意。被试的注意由于受到外来刺激的影响而发生了分心，因此对其活动成绩起到促退作用，尤其是活动的内容越复杂，他人的干扰作用越大。另外，还会发生个人自身机体变化的干扰。因为有人在场观察时，被观察者的汗腺分泌多、呼吸快、肌肉紧张度高、血压升高、心跳加快，这些生理变化都成为干扰的刺激，从而影响了活动的效率。

2. 群体活动人数对个体活动效率的影响

从理论上讲，群体活动人数的多少与成员活动效率应该成正比，所谓"众人拾柴火焰高""人多力量大"。这些话当然是对的，但群体人数越多，要办的事情就越需要组织得好，否则效果适得其反，这种情况在现实生活中普遍存在。

群体活动人数对个体活动效率的影响，有各方面的原因：

（1）客观原因。群体活动的参加者多，若组织得不好，反而会浪费人力与时间，因为组织工作是人数越多越困难，组织工作的困难度随参加者人数增多而按比例增加。

（2）心理原因。对于群体内各个成员来说，还有其心理原因。群体内人数过多，可能会降低各成员的动机。威斯克尔认为，在人数较少的群体中，每个成员的工作表现出高度的可观察性，因而既容易受到他人的督促与批评，又比较能够得到他人的肯定与表扬。

3. 群体讨论与决议对个体的影响

个人在群体场合和个别场合下，讨论或决定同样一个问题，往往会做出不同的反应。当单独征求个别人意见时，人们的建议可能保守些；当在小组内征求人们的意见时，人们的建议可能会带有冒险性。

美国社会心理学家斯托纳通过"选择困境问卷"，提出 12 种假设的情境，比较被试者在群体条件下和在单独条件下所提的建议。

现在举出一种情境的问卷，加以分析。具体情境是这样的："某人是一位电子工程师，已婚，有一个孩子，5 年前大学毕业后一直在一个大型电子公司任职，工作很固定，收入中等，将来退休之后会有一大笔退休金，但在退休之前工资不可能大幅度地增加。后来他知道有一家小型电子公司需要人，工资很高，但工作不稳定。"研究者提出小公司有以下 6 种赚钱的可能性，请被试者做参谋，这位工程师会在小公司有哪一种赚钱的可能性时去任职。6 种赚钱的可能性是：

（1）小公司能赚钱的概率是十分之一；

（2）小公司能赚钱的概率是十分之三；

（3）小公司能赚钱的概率是十分之五；

（4）小公司能赚钱的概率是十分之七；

（5）小公司能赚钱的概率是十分之九；

（6）不管赚钱的概率多大，都不应该去小公司任职。

要求被试者先单独建议，然后把被试者组成小组，集体讨论，共同提出建议，最后由研究者把被试者在两种情况下提出的建议进行比较，发现被试者在群体条件下所提的建议比单独建议更富有冒险性。

从理论上讲，群体决定中个人产生冒险倾向有如下理由：

（1）减少责任。认为群体做出决定，大家都有责任，每个成员个人的责任相应都会减少，从而也减少恐惧心理，因此，成员在讨论时敢于提出冒险性的建议。

（2）熟悉情况。自己单独提出建议时，由于不熟悉情况而心中无数，因此，只能小心谨慎地提出建议，经过群体讨论之后，个人对情况熟悉了，才敢于提出冒险性的建议。

（3）领导人的影响。如果讨论过程中领导人本身有冒险精神，就会影响其他人也提出冒险性建议。

（4）被他人评价的意识。在群体决定中，个人在提出建议时会估计他人对自己做出的评价，如果在竞争激烈、强调发挥个人潜力的企业环境中，提出冒险的建议比小心谨慎的建议更能被他人做出高度评价。

社会群体的作用

　　社会是一个大的系统，各种群体都是它的子系统。作为社会的子系统，它的生存和发展都必然受制于社会这一大系统。群体的组织结构、群体的性质、群体中的人际关系、群体的规范、群体的活动等，都必然要受特定的社会政治和经济状况的影响，是特定的社会政治和社会经济的反映。作为一个子系统，任何群体都具有自己的个性、独立性，每一个群体都是承担着特殊社会职能的结构单位，都具有自己的组织结构，都有相对的独立性。

　　群体又是社会的基本功能单位。群体是介于组织和个体之间的人组成的集合体。它的存在对组织而言具有实现组织目标的作用，对个体而言具有满足个体心理需要的作用。群体的功能既是其自身存在的必要条件，又是社会对群体的要求。根据有关群体研究的社会心理学文献，一般来说，可以将群体的功能分为四个方面：组织、激励、调节和教育。

组织功能

　　群体的组织功能，主要表现在承担社会分工和组织指挥成员活动两个方面。群体是承担社会分工的基本主体。任何一个群体，首先必须承担一定的社会分工，否则它就没有存在的必要，也没有存在的价值。社会为了自身的生存和发展，必须进行物质生产、精神生产以及劳动力的再生产。各种群体都是社会生产的承担者和实现者。

　　群体是群体成员活动的积极组织者和指挥者。它不仅能把游离的个人集合起来，而且能把个人的智慧、能力凝聚为一个整体，通过群体的目标和群体的规范，对个人的活动实行指导，能做出更好的决策，并有利于促进创造发明，因而能更好地完成组织的任务。

组织要实现自身目标需要通过群体的分工合作，共同承担分配的任务。通过群体可以完成以下组织的功能。

（1）相互协作，共同完成内容复杂、需要各部分互相依赖的任务；

（2）相互启发，依靠集体的智慧攻克难关；

（3）相互理解，主动承担实现决策目标所应承担的义务；

（4）相互联系，做好各部门之间的联络和协调工作；

（5）相互约束，实现组织对员工的管理目标。

激励功能

群体既是个体的有机组合，同时还是个体活动的舞台和场所。在群体中，不仅为个体提供了更好的生活、学习，以及工作的条件，而且能够满足成员的安全、归属、社交、友谊、尊重和成就等多方面的需要。

因而，群体对于个体的行为、对于个体的工作和创造，具有激励和促进的作用。群体能够给个体提供其施展才能、实现自己抱负和人生价值的机会，因而也就使个人的积极性和创造性得到了发挥。

群体的成员有其自身的需要，这些需要有的可以通过工作来得到满足，有的则需要通过群体来满足。群体可以满足其成员的心理需要包括：

（1）通过人际交往满足归属、友谊和爱的需要；

（2）通过相互作用获得社会认同和尊重；

（3）通过共同活动克服孤独感和软弱感，获得安全感；

（4）通过社会认知形成自我意识，增强自信心。

协调功能

群体是个体的有机组合，也是个体相互作用的产物。因而，在群体中，人们可以有更多的交往，有更加协调的人际关系，也就是说，群体能够协调群体成员的人际关系，促进群体成员人际关系的发展。

从另一个角度看问题，由于群体的存在和群体的作用，人们长期在一起生活、工作，人与人之间不可避免地会产生这样或那样的冲突，而群体可以通过协商、对话、制定规范等方式，来有效地协调成员之间的关系。

教育功能

由于人的社会化，以及人的发展，都将是一个终身的过程，因而，从某种程度上说，群体将是个体终身接受教育的学校。

首先，社会组织可以通过各种群体，给社会成员进行有关规范和制度的教育。其次，群体成员之间可以相互学习、取长补短，在知识、能力等方面得到提高。最后，群体本身就是一种教育手段。群体的纪律、群体的规范、群体的舆论等，都能够有效地调节成员的行为，激励群体成员奋发向上，培养他们的组织性、纪律性、责任感、荣誉感、归属感等优良品质。群体中的人际交往和人际关系，还可以使群体成员学会如何与别人交往和相处；使群体成员养成关心人、尊重人、理解人、助人为乐等优良品质。

上面所说的是正式群体的作用，除此之外，社会上还存在着许多非正式群体。

非正式群体按其形成的原因可分为利益型、爱好型、信仰型、情感型和亲缘型五种类型。其作用具有两重性，当它的目标与正式群体一致时，会成为正式群体的辅助力量，促进组织目标的实现；当它的目标与正式群体的目标不一致时，会削弱正式群体的凝聚力，阻碍组织目标的实现。非正式群体对其成员的作用表现为：

1. 对成员思想的控制作用

非正式群体以一种虽不成文，但大家必须遵守的群体规范约束着每一个成员的思想和行为。如果任何一个成员违反了这一规范，就会受到群体在精神上对他孤立的惩罚。

2. 对成员态度的改造作用

非正式群体通过群体压力控制和改造着成员的态度与行为模式。这种压力来源于群体内部的信念和价值观念，并通过潜移默化和直接控制影响着成员。

3. 对成员行为的激励作用

非正式群体以其强烈的群体观念对成员的行为产生激励作用。群体成员可以对正式群体百般号召，说服动员置若罔闻、无动于衷；但非正式群体一旦形成某种意向，成员们则会行动整齐、个个争先。

4. 对实现目标的影响作用

非正式群体是一种客观存在，引导他们与群体目标保持一致，使其成为一股可贵的突击力量，对实现组织目标产生积极的影响作用，否则，会使其成为一股严重的销蚀力量，不利于组织目标的实现。因此对积极型的非正式群体要采取支持、保护的态度；对消极型的非正式群体要通过引导使其与组织目标保持一致；对破坏型的非正式群体要坚决予以取缔和处理。

与他人合作，达成目标

秋天，当雁阵排成人字阵或一字斜阵飞过蓝天白云，掠过你的头顶时，不知你是否会想到这样一个问题：大雁为什么要整齐地列阵远翔呢？

由于大雁既具有惊人的个体飞翔能力，又富有令人叹服的合作精神，因而，他们的两翼似乎有了灵性，使他们能够以轻松自如的风姿成为长空的主人。

由此想到我们人类的合作精神。成功者的道路有千千万万，但总有一些共同之处：与他人合作是许多成功人士的共同特性。

合作是一件快乐的事情，有些事情人们只有互相合作才能做成。美国加利福尼亚大学副教授查尔斯·卡费尔德，曾对美国 1 500 名取得了杰出成就的人物进行了调查和研究。发现这些有杰出成就者有一些共同的特点，其中之一就是与自己而不是与他人竞争。他们更注重的是如何提高自己的能力，而不是考虑怎样击败竞争对手。事实上，对竞争对手能力（可能是优势）的担心，往往导致自己击败自己。多数成就杰出者关心的是按照他们自己的标准尽力工作。如果他们的眼睛只盯着竞争者，那就不一定能取得好成绩。

其实很多时候帮助别人，并不就意味着自己吃亏。如果你帮助其他人获得他们需要的东西，你也因此而得到想要的东西，那你帮助的人越多，你得到的也越多。

实践证明，我们在个人生活和职业生活中能否获得成功，取决于我们与他人合作得如何。这里的"合作"一词是指在群体环境中普遍发生的社会关系。

正如我们已经探讨过的其他的人类活动所揭示的那样，有些人较之其他人是更有效的群体成员。群体的成功要涉及一系列复杂的思考和语言能力，而这些能力正是许多人所没有系统掌握或完全拥有的。那些在社交方面很成熟的人，他们极容易适应任何的群体环境，能与许多不同的个体进行友好的交谈，与他人和谐地、富有成效地共事，用清楚的和有说服力的观点影响群体的思考，有效地克服群体的紧张和自我主义，鼓励群体成员守信、创造性地工作，并能使每一个人集中精力，朝着共同的目标前进。就像丹尼尔·戈尔曼在其畅销书《情商》中指出的，这些复杂的思考、沟通和社交技能对于生活中取得成果，常常比传统的智商或职业技能更加重要。你可能对你所熟知的人取得成功感到迷惑不解，因为他们似乎也不是最有能力或最聪明的，他们的成就似乎不是"你所认识的人"所能取得的。但正是因为他们具有良好的社交和沟通技能，使他们具有与他人有效合作的良好条件，再加上他们的学识和才智，所以他们取得了人们所想象不到的成功也在情理之中。

与他人合作比单独工作有更多好处。首先，群体成员具有不同的背景和兴趣，这可以产生多样化的观点，实际上，与他人合作可以产生出任何个人只靠自己所无法具有的创造性的思想。此外，群体成员互相提供帮助和鼓励，每个人都能贡献出他或她独特的技能，群体的一致性和认同感激励着群体成员为实现共同的目标而努力奋斗，这是一种"团队精神"，它能使每个人最大限度地实现自己。一群人一起工作，如果全力以赴，组织有序，就能在有限的时间里取得引人注目的成就。

为了与他人密切合作，你需要培养以下几个方面的主要能力：

做一个积极的参与者

在群体中，每个成员都应该具有奉献意识，并有责任做出自己应有的贡献。在许多群体场合，有的人喜欢让别人抛头露面，而自己却静静地坐在那里，做一个感兴趣的旁观者。这样做的结果是，你无法培养自己的社交能力，赢得群体中其他成员对你的尊重，或者对群体的决定施加影响。既然你同样对群体的最终决策负有责任，那无论你态度积极或保持沉默，你都可以贡献你的聪明才智。如果你不敢抛头露面，大胆地表述自己的观点，或觉得你的观点不如他人的有价值，那么，你首先需要排除这种消极认识。如果你感到忧虑和焦急，那么，你需要迫使自己迈出第一步。万事开头难，随着你不合理的怪念头的减退，以及你自信心的增强，你就能积极地参与到群体的活动中来，为群体的发展做出自己应有的贡献。

培养自己有效讨论的能力

（1）清楚地表达你的观点，并提供支持的理由和根据。

（2）认真地聆听他人的意见，努力了解他人的观点及其支撑的理由。

（3）直接对他人提出的观点做出回答，而不要简单地试图阐述你自己的观点。

（4）提一些相关的问题，以便全面地探究所讨论的问题，然后设法去回答问题。

（5）把注意力放在增加了解上，而不要试图不计代价地去证明自己观点的正确性。

客观地评价他人

当群体对其成员提出的观点进行评价时，应该运用批判思考的技能对它们进行评价。如争论点或问题是什么？这个观点是如何说明问题的？提出这个观点的理由和根据是什么？它的风险和弊端是什么？重要的是要让群体的成员意识到评价的对象是观点，而不是提出观点的人。最常见的一种思考错误是，有的成员仅从个人的爱好或偏见出发，不是对人们提出的观点进行评价，而是把矛头指向个人。对有挑战性的观点应该做出这样的回答："我不同意你的看法，原因是……"而不应该说："你真无知。"只有如此，才能进行良好的沟通，而不会伤害他人的自尊心。

准确地识别各种关系

群体好比是活生生的、不断进化的有机体，它们是由处于复杂的和充满活力关系之中的个体构成的。就如在一场球赛中，没有号码牌你无法分辨运动员一样，在一个群体中，也需要你准确地识别出谁是"运动员"，以及他们彼此关系的性质，以及决策权是如何分配的。在一个你不熟悉的新群体中，弄清这些情况是特别重要的，它可以为你提供一个你在其中能说话和回答的"思考环境"。

办公室里的共处与共享

办公室是我们大多数人都要参与的一种社会群体形式。因此，在办公室里如何与周围的人共处与共享就显得非常重要，这是我们实现人生价值的重要环节。

真诚地与同事共处

你是不是有过这样的情形：刚刚来到新的工作岗位，你感到战战兢兢，如履薄冰。一些同事对你不理不睬，并且在很多事上，故意同你作对，让你觉得无可奈何。可他们是你即将的同事，你必须跟他们很好地合作。你不要认为自己有什么过人之处，如果你想事事都进行得很顺利，必须学习怎样尊重别人，广结广交。

与同事相处，应该真诚。当他工作上有困难时，你应该尽心尽力予以帮助，而不是冷眼旁观，甚至落井下石；当他征求你的意见时，你不要给他发出毫无意义的称赞；当他在无意中冒犯了你，又没有跟你道歉时，你要以无所谓的心情，真心真意地原谅他，如果今后他还有求于你时，你依然要毫不犹豫地帮助他。与同事相处，还应遵循以下几个原则：

1. 不要有亲疏远近

同一个部门的同事，与脾气相投的 A，每天都高兴地寒暄，中午约在一起吃午饭；相反，对不易结交的 B 就不大爱打招呼。由于亲善与疏远而改变了与对方的交往方式。尽管这是个人之间的小事，但同在一个部门，这样做并不好。

许多人来到一个共同的工作岗位，常碰到不能情投意合的人。而工作起来却难免要和这种人协作、打交道。因此，有必要努力从平时做起，出以公心与他们处理好关系，同时注意严格区分公与私的问题。

2. 不要随便分担别人的工作

无论多么要好的同事，背着上级互相分担或帮助别人工作都是不允许的。公司有各种各样的职务分工，它是一种有序的制度，无视这一点，会使某一方面的工作受到损失。互相帮助、鼓励是件好事，但应当避免多余的帮助与随意的插手。

3. 交谈时不要涉及他人隐私

"交给老婆多少奖金？""是不是被恋人拒绝了？"说话时涉及了这类内容，即便公司里只有一人在场，也冒犯了他人的隐私。的确，两个人谈一谈个人生活方面的心里话，会增加双方的亲密感，并不是"谁都不愿说"这种秘密，但是，在公司里说出来，就很容易形成谣传。因此，要想保持同事间的良好关系，就不要随便涉及他人的隐私。无话不说的"知心朋友"保留一两个就可以了。

与异性同事共处

在工作当中难免有一些异性同事，那么应该如何同他们共处呢？

1. 多做一些

虽然有人总在说："沏茶倒水的事我绝对不干。"但若作为制度强迫他干，或者看作一种工作中的调剂，他不是也可以去干吗？无论男性、女性，越是会工作的人越擅长应酬。为了创造一种舒适的工作环境，简单的室内清洁及沏茶倒水工作，能起到工作润滑剂的作用。

2. 公平对待每一个人

不管是谁，只要对某人过分亲切，就会招致误解。即使出于好意，也可能在公司造成谣言，产生麻烦。因此，在工作单位，对谁都要公平相待。尤其是对待异性同事，不要让人觉得自己很随便。

3. 不能有过分的举动

在公司内相恋的情侣并不少见。但问题就出在相恋的同事身上。办公室是工作的场所，众目之下，见到了意中人也不能有过分亲密的举动；看上了某异性同事，因为不便表达自己的心情而烦恼，就应当约对方到外面去接触。如果对方是同一个公司的同事，查一下对方的电话号码，很快就能联系上。注意到了对方的行踪，只要核准对方的下班时间，就能前去相约。与其在工作中见机打招呼，不如在下班以后，爽爽快快地打一声招呼，对方也会很高兴。

4. 平等接触

对刚刚参加工作、经验不足的年轻女性施以帮助，或者看到漂亮的女性时不知不觉地庇护起来，并把所有工作都委派给她，这往往是一些男子自然而然做出的事。但是其他女性对这种事情非常敏感："××先生喜欢那个女孩，偏爱她了。"如果不想给造谣者机会，就应对全体女性一视同仁，平等对待。如果确有喜欢的女性，最好到外面去约会。

怎样与同事共享

同事之间会有各种各样鸡毛蒜皮的事情发生，各人的性格优点和缺点也暴露得比较明显，尤其是每个人行为上的缺点和性格上的弱点暴露得多了，就会引发各种各样的瓜葛、冲突。这种瓜葛和冲突有些表现在明处，有些表现在暗处；有些是公开的，有些是隐蔽的，种种的不愉快交织在一起，各种矛盾一触即发。面对这种情况，我们应该如何与同事共享呢？

无论你多么能干、多么自信，也应避免孤芳自赏，更不要让自己成为一个孤家寡人。在同事中，你需要找一两位知心朋友，平时大家有个商量。

要想成为众人之首，获得别人的敬重，你要小心保持自己的形象，不管遇到什么问题，不必惊慌失措，凡事都有解决的办法。你要学会处变不惊、从容面对一切难题的本领。

当你发觉同事中有人总是跟你唱反调时，不必为此而耿耿于怀，这可能是"人微言轻"的关系，对方以"老资格"自居，认为你年轻而工作经验不足，你应该想办法获得公司一些前辈的支持，让他人对你不敢再小视。

要对自己有信心。尽管你缺乏工作经验，但不必感到沮丧，只要你下定决心把事情做好，必定有出色的表现。

凡事须尽力而为，也要量力而行。尤其是你身处的环境中，不少同事对你虎视眈眈，随时准备找出你的错误。这时你需要提高警觉，按部就班地把工作做好。

利用时间与其他同事多沟通，增进感情，消除彼此之间的隔膜，这样将有助于你与同事共享资源，也有助于你的事业发展。

战胜交往中的"约拿情结"

每个人都有能力进行有效的人际交往，从而取得更大的成功，不幸的是人们在此过程中常会遇到一种自身的心理障碍，这就是所谓的"约拿情结"。"约拿"是圣经中的人物，上帝给了他机会，他却退缩了。这是怀疑甚至害怕自己的智力所能达到的光辉水平，心理软弱到甘愿回避成功的典型。

这种约拿情结，主要有个性障碍、情感障碍、意识障碍和意志障碍等。

个性障碍

个性障碍是指人们在人际交往中常常出现的气质障碍和性格障碍，如抑郁质的人易表现出孤僻乖戾、不善交际的弱点，黏液质的人易表现出优柔寡断、缺少魄力的弱点，多血质的人缺乏毅力，胆汁质的人办事武断、鲁莽。

情感障碍

情感障碍是指人们在能力的自我开发中，对客观事物所持态度方面的不正确的内心体验。主要表现为麻木情感，是人们情感发生的阈限超过常态的一种变态情感。所谓情感阈限，就是引起感情的客观外界事物的最小刺激量。麻木情感的产生主要是由于长期遇到各种困难，受到各种打击，自己又不能正确地对待并加以克服，以致其对客观事物的内心体验阈限增高，形成一种内向封闭性的心理定式。它使人们丧失对外界交往的生活热情和对理想及事业的追求。

意识障碍

意识障碍是指由于人脑歪曲或错误地反映了外部现实世界，从而减弱人脑自身的辨认能力和反应能力，阻碍人们对客观事物的正确认识，影响人们人际交往的成功。主要表现有：

（1）"厌倦型"心理障碍：是一种厌恶一切自己不感兴趣和无能为力的心理状态。存在厌倦心理的人，常常抱怨自己"怀才不遇"，悔恨"明珠暗投"，而对自我开发失去兴趣。

（2）"自卑型"心理障碍：因生理缺陷、心理缺陷即自认为智力水平低；或家庭、社会条件不如他人，而产生的一种缺乏自信，轻视自己，不能进行自我能力开发的一种悲观感受。

（3）"习惯型"心理障碍：它是由于重复或练习巩固下来的并变成需要的行为方式，它的形成一是由于自身养成，二是由于传统影响。具有这种心理障碍的人通常认为不进行自我能力开发也照样过日子，满足于现状是前一种，而求稳怕乱则是后一种。

（4）"闭锁型"心理障碍：把自我体验封闭在内心，不愿向他人表现，因而缺乏自我开发的积极性。

（5）"价值观念变型"心理障碍：是指对作用于人的客观事物的价值量进行了不正确的或者错误的心理评估，形成了一种畸形的价值意识，如把工作分为三六九等、高贵与低贱，最突出的表现为贬低自己目前所从事的职业，因而不能结合工作开发自己能力的心理障碍。

（6）"志向模糊型"心理障碍：是指对将来干什么、成为何类人才的理想不明确，从而没有定向进取的内驱力，而不能进行自我能力开发的一种心理障碍。

意志障碍

意志障碍是指人们在自我能力开发中，确定方向、执行决定、实现目标的过程中起阻碍作用的各种非专注性、非持恒性、非自制性等不正常的意志心理状态。主要表现有：

（1）"怯懦型"心理障碍：怯懦是一种懦弱胆小、畏缩不前的心理状态。这种人过于谨慎，小心翼翼，常多虑、犹豫不决，稍有挫折就退缩，因而影响其自我开发目标的完成。

（2）"意志暗示型"心理障碍：是指在制定和执行目标时，易受外界社会舆论和他人意向的直接或间接的影响，而产生的一种动摇不定的意志心理状态。表现为确定目标时的"朝秦暮楚"，执行决定时的"三天打鱼，两天晒网"。

（3）"意志脆弱型"心理障碍：具有这种心理障碍的人没有勇气去征服实现目标道路上的困难，他们不主动去征服困难，而是被动地改变或放弃自己长期进取的既定目标。

图书在版编目 (CIP) 数据

人际交往心理学 / 黄青翔著 . — 北京：中国华侨
出版社 , 2021.3（2021.5 重印）
ISBN 978-7-5113-8346-4

Ⅰ.①人… Ⅱ.①黄… Ⅲ.①心理交往 – 社会心理学
Ⅳ.① C912.11

中国版本图书馆 CIP 数据核字（2020）第 205467 号

人际交往心理学

著　　者 /	黄青翔
责任编辑 /	黄　威
封面设计 /	冬　凡
文字编辑 /	史　翔
美术编辑 /	刘欣梅
经　　销 /	新华书店
开　　本 /	880mm×1230mm　1/32　印张 / 7.5　字数 / 150 千字
印　　刷 /	三河市华成印务有限公司
版　　次 /	2021 年 3 月第 1 版　　2021 年 5 月第 2 次印刷
书　　号 /	ISBN 978-7-5113-8346-4
定　　价 /	38.00 元

中国华侨出版社　北京市朝阳区西坝河东里 77 号楼底商 5 号　邮编：100028
法律顾问：陈鹰律师事务所
发 行 部：（010）88893001　　　传　真：（010）62707370
网　　址：www.oveaschin.com　　E－m a i l：oveaschin@sina.com

如果发现印装质量问题，影响阅读，请与印刷厂联系调换。